Gold auf Lapislazuli

Die 100 schönsten
Liebesgedichte des Orients

Ausgewählt und erläutert von
Claudia Ott

Verlag C. H. Beck

© Verlag C. H. Beck oHG, München 2008
Satz: Fotosatz Reinhard Amann, Aichstetten
Druck und Bindung: Friedrich Pustet, Regensburg
Signet: Karl Schlamminger, München
Gedruckt auf säurefreiem, alterungsbeständigem Papier
(hergestellt aus chlorfrei gebleichtem Zellstoff)
Printed in Germany
ISBN 978 3 406 57669 0

www.beck.de

Inhalt

Verliebt

Leila und Madschnun

Paradies und Apfelgarten

Vereinigung

Gedichte über Gedichte

Liebe für ein ganzes Leben

Trennung und Abschied

Liebestod und Auferstehung

Anhang

Vorwort

«Gold auf Lapislazuli» – diese Worte haben mich nicht mehr losge-
lassen, seit ich sie zum ersten Mal las. Sie gehören zu einem Gedicht
aus Andalusien, aus jener berühmten multikulturellen Dichter-,
Denker- und Musikerszene, in der Juden, Christen und Muslime
einen friedlichen Austausch pflegten und aus deren Übersetzer-
werkstätten Westeuropa im Mittelalter sein Wissen über die grie-
chische Antike und die arabische Wissenschaft speiste.

«Gold auf Lapislazuli» ist in dem erwähnten Gedicht eine Meta-
pher für Sterne auf dunkelblauem Nachthimmel. Doch als ich mich,
mit diesen Worten im Herzen, auf die Suche nach den 100 schöns-
ten Liebesgedichten des Orients begab, fielen mir unvermutet noch
viele andere Bedeutungen derselben Metapher in den Schoß: «La-
pislazuli ist ihr Haar / Die Arme purer als Gold», so beschreibt ein
altägyptisches Liebeslied den Glanz weiblicher Schönheit; Ischtar,
die altorientalische Göttin der Liebe, verspricht ihrem Angebeteten
Gilgamesch einen Wagen «aus Lapislazuli und aus Gold»; und die
schöne Braut aus *Tausendundeiner Nacht* präsentiert sich in einem
blauen Kleid, «blau wie der Himmel und wie Lapislazuli», um kurz
darauf mit dem goldenen Sommermond zu verschmelzen.

«Gold auf Lapislazuli» – sicherlich ist dies nicht die häufigste
Metapher in der von Bildern und Vergleichen überschäumenden
orientalischen Liebesdichtung. Aber mit der Magie ihres Farben-
spiels, ihrer stofflichen Unvergänglichkeit, ihrer Unterschiedlichkeit
und Harmonie bilden Gold und Lapislazuli ein Tor, durch das wir
die Welt der orientalischen Liebesdichtung betreten dürfen.

Aus diesem Kosmos die 100 schönsten Gedichte auszuwählen ist eine dankbare und zugleich schwierige Aufgabe. Denn die Fülle infrage kommender Texte ist enorm. In wohl keiner anderen literarischen Region der Welt nimmt die Poesie gegenüber anderen Literaturformen einen so weiten Raum ein wie im Orient; und in kaum einer anderen Dichtung ist die Liebe so zentral und so facettenreich vertreten wie in der orientalischen. Allein die arabische Sprache kennt mehr als hundert Wörter für Liebe. Die Liebe ist im Orient ein weites Feld: Auch Themen wie Freundschaft, Gottvertrauen, Fürstenlob, Schönheit, Alter oder Tod, sogar Naturschilderungen können im Gewand eines Liebesgedichts daherkommen. Wohin ich anfangs auch blickte, hatte ich hundert schöne Liebesgedichte vor Augen – und beim nächsten Blick wieder hundert andere. Es wäre ein Leichtes gewesen, an dieser Stelle die 1001 schönsten Liebesgedichte zu versammeln.

Schon deshalb erhebt diese Anthologie keinen Anspruch auf Vollständigkeit. Ebenso wenig kann sie irgendeinen Proporz hinsichtlich der geographischen, historischen oder religiösen Herkunft der Gedichte einhalten. Sie bietet aus diesem Grund auch keine systematische Darstellung nach Epochen oder Regionen. Stattdessen wurde ein thematischer Rundweg angelegt, der von «Ursprüngen» über das Thema «Schöne Männer, schöne Frauen» bis zu «Liebestod und Auferstehung» durch die wichtigsten Gebiete der orientalischen Liebesdichtung führt.

«Orient» und «orientalisch» – diese beiden Begriffe bedürfen einer kurzen Erläuterung. Im heutigen Sprachgebrauch bezeichnen sie zunächst die Kernländer des islamischen Kulturraums. Sich auf die arabische, persische und türkische Liebesdichtung der islamischen Zeit zu beschränken wäre jedoch zu kurz gesprungen. Ägypten ist ohne Pharaonen ebenso wenig denkbar wie Bagdad ohne Babylon; zu Syrien gehört das frühe Christentum ebenso wie die nestorianischen Christen zu Iran; Zentralasien zehrt von der jahrtausendealten Tradition der Seidenstraße, Arabien von der altarabischen Beduinentradition, Jemen von der Königin von Saba; Andalusien mit seiner reichen literarischen und wissenschaftlichen Produktion wäre ohne das fruchtbare Zusammenleben von Juden, Christen und Muslimen niemals das «Wunder von al-Andalus» geworden, als das es der Übersetzer Georg Bossong zu Recht bezeichnet.

Darum schließt diese Anthologie auch Beispiele aus orientalischen Kulturen vor und neben dem Islam ein: Das assyrische Gilgamesch-Epos und die altägyptischen Liebeslieder, die auf Tonscherben oder den Rückseiten berühmter Papyri gefunden wurden, kommen ebenso zu Wort wie das hebräische Hohelied der Liebe. Darüber hinaus finden sich, neben vielen anderen, ein aramäisches Liebeslied, zwei moderne christlich-arabische Texte, drei reizende armenische «Vollmonde» sowie – gut versteckt – vier deutsche Gedichte, die sich als krypto-orientalische Halbedelsteine in die Sammlung eingeschmuggelt haben.

Wir haben also einen weit gespannten Rundweg durch die Liebesdichtung des Orients vom Altertum bis in die Moderne vor uns. Und auf diesem Rundweg kommen überraschende intertextuelle Bezüge ans Tageslicht: die Liebeserklärung eines modernen Palästinensers an das biblische Hohelied der Liebe; die verblüffenden Parallelen zwischen dem Lob der Schönheit der altägyptischen Sternengöttin aus dem 12. vorchristlichen und einer schönen Afghanin aus dem 17. nachchristlichen Jahrhundert, zwei fast identische Weingedichte aus Andalusien und Persien oder die bis in die Gegenwartslyrik wirksame Symbolkraft des altarabischen Liebespaares Leila und Madschnun, um nur einige solcher plötzlich sichtbar werdenden Schneisen zu nennen, die unser Rundweg quert und durch die tiefe Einblicke Tausende von Jahren und Kilometern weit möglich werden.

Allen Leserinnen und Lesern wünsche ich auf diesem Rundweg eine gute Reise!

Ursprünge

~ 1 ~

Sumerisches Gebet

Bevor das Schweigen erwachte,
bevor die Zeit vom Raum träumte,
bevor die Wirklichkeit die Fahne der Trauer nahm,
war die Erde eine Knospe im Wort
und suchte der Himmel seine ewige Farbe.
Alles war vom Anfang erfüllt,
während du am andern Ufer des Schicksals standest
und auf seine Lippen ein Lächeln maltest.

Fais Yaakub al-Hamdani, geb. 1968
Aus dem Arabischen von Andrea Haist, 2005

~ 2 ~

Enkidu/Gilgamesch

Enkidu
Mit Gazellen frisst er Gras.
Mit Herdentieren drängt er sich an der Wasserstelle,
mit wilden Tieren labt er sich am Wasser.

Es sah ihn die Schamchat, ihn, den Ur-Menschen,
den mörderischen Burschen aus dem Innersten der Steppe.
«Das ist er, Schamchat, entblöße deine Brust!
Öffne deine Scham, auf dass er deine Reize nehme!
Schrecke nicht zurück, nimm seinen Atem hin!
Er wird dich sehen und sich dir dann nähern.

Breite deine Kleider aus, auf dass er auf dir liege.
Wirke an ihm, an ihm, dem Ur-Menschen, mit den Künsten des
    Weibes!
Seine Liebe wird dich umschmeicheln.
Fremd wird ihm seine Herde dann sein, in deren Mitte er
    aufwuchs.»

Da löste Schamchat ihr Untergewand.
Sie öffnete ihre Scham, und er nahm ihre Reize.
Nicht schreckte sie zurück, seinen Atem nahm sie hin.

Sie breitete ihre Kleider aus, und er lag dann auf ihr.
Sie wirkte an ihm, dem Ur-Menschen, mit den Künsten des Weibes.
Seine Liebe umschmeichelte sie da.
Sechs Tage und sieben Nächte stand Enkidu aufrecht und paarte
    sich mit Schamchat.

⊱

Gilgamesch
Gilgamesch setzte sich seine Krone aufs Haupt.

Wegen der Schönheit des Gilgamesch erhob die Fürstin Ischtar
   da die Augen.
«Komm doch her, Gilgamesch, du, sei Bräutigam!
Mir schenke, ja schenke deine Früchte!
Du, sei mein Mann, und ich will deine Gattin sein!

Einen Wagen will ich dir anspannen lassen aus Lapislazuli und aus
   Gold,
dessen Räder golden und dessen Hörner aus Elektron sind!
Dir seien die «Sturm-Löwen» angeschirrt, die großen Maultiere! –
Tritt ein in unser Haus im Wohlgeruch der Zeder!

Wenn du unser Haus betrittst,
sollen Türschwelle und Thronsitz dir die Füße küssen!
Auf den Knien liegen, dir zu Füßen, sollen Könige, Mächtige
   und Fürsten!
Allen Ertrag von Berg und Land sollen als Tribut sie dir
   entgegenstrecken!

Drillinge sollen deine Zicken, Zwillinge deine Mutterschafe
   werfen!
Dein Eselsfohlen soll noch unter Lasten das Maultier überholen!
Was deine Pferde vor dem Wagen anbetrifft, sei voller Stolz ihr
   Traben!
Deinem Rinde unterm Joch soll kein zweites gleichkommen
   können!»

Gilgamesch-Epos des Sin-leqe-unnini, um 1200 v. Chr.
Aus dem Assyrischen von Stefan M. Maul, 2005

~ 3 ~

Die Eine, geliebte, die ohnegleichen,
schöner als alle Frauen,
sie ist wie die Sternengöttin, welche erglänzt
zu Beginn eines guten Jahres.

Strahlend an Kraft, mit blendender Haut,
mit leuchtendem Blick im Auge,
mit süßen Lippen beim Sprechen,
nie hat sie ein Wort zuviel.

Mit schlankem Hals und blendender Brust,
Lapislazuli ist ihr Haar,
ihre Arme purer als Gold,
ihre Finger voll Anmut wie Lotos.

Lang gestreckt die Lenden unter gegürteter Mitte,
ihre Schenkel führen ihre Schönheit fort.
Edel ist ihr Gang, setzt sie den Fuß auf den Boden:
Mit jedem Gruß raubt sie mein Herz.

Sie lässt alle Männer den Hals sich verdrehen,
sobald sie in Sicht kommt.
Jeder ist glücklich, den sie grüßt,
er wird erhoben unter den Liebenden.

Man blickt ihr nach, wenn sie entschwindet,
wie jener, der Göttin, der Einen.

Sprüche der großen Herzensfreude, um 1140 v. Chr.
Aus dem Altägyptischen von Emma Brunner-Traut, 1974

—4—

Das Krokodil

Die Liebe der Geliebten ist auf jener Seite.
Der Fluss ist zwischen uns.
Ich will zu ihr.
Ein Krokodil liegt auf der Sandbank.

Ich steige in das Wasser
und wate durch die Wellen.
Mein Herz ist stark in der Flut.
Das Wasser ist wie Land für meine Füße.

Denn die Liebe zu ihr ließ mich gefeit sein,
als hätte sie mir Wasserzauber gesungen.

Nun sehe ich, die Geliebte ist gekommen.
Mein Herz jauchzt, meine Arme sind offen, sie zu umfangen.
Mein Herz frohlockt auf seinem Platz wie für immer.
Bleib nicht fern, komm zu mir, meine Gebieterin.

Wenn ich sie umarme,
und ihre Arme um mich gebreitet sind,
ist es wie in Punt.
Es ist wie ein Salben mit Öl.

Küsse ich sie,
und sind ihre Lippen offen,
so frohlocke ich,
auch ohne Bier.

Lieder vom Fluss und Liebeswünsche, ca. 1300 v. Chr.
Aus dem Altägyptischen von Siegfried Schott, 1950

～5～

Komm doch und küss mich!
Deine Liebe berauscht mich
mehr noch als Wein.

Weithin verströmen
deine kostbaren Salben
herrlichen Duft.

Jedermann kennt dich,
alle Mädchen im Lande
schwärmen für dich!

Eine Lilie unter Disteln –
so erscheint mir meine Freundin
unter allen anderen Mädchen.
Wie ein Apfelbaum im Walde
ist mein Liebster unter den Männern.
Seinen Schatten hab ich gerne,
um mich darin auszuruhen;
seine Frucht ist süß für mich.

Kommt doch, ihr Winde,
durchweht meinen Garten!
Nordwind und Südwind,
erweckt seine Düfte!
Komm, mein Geliebter,
betritt deinen Garten!
Komm doch und iss
seine köstlichen Früchte!

Ich komm in den Garten,
zu dir, meine Braut!
Ich pflücke die Myrrhe,
die würzigen Kräuter.
Ich öffne die Wabe
und esse den Honig.
Ich trinke den Wein,
ich trinke die Milch.
Esst, Freunde, auch ihr,
und trinkt euren Wein;
berauscht euch an Liebe!

Hohelied, ca. 500 v. Chr.
Aus dem Hebräischen, «Gute Nachricht Bibel», 1997

Schöne Männer, schöne Frauen

~ 6 ~

O du unbeschreiblich Schöner!
Dein Gesicht belebt und tötet!
Könnte dich ein Zweiglein sehen,
wie du biegsam deine Hüften
hin- und herbewegst beim Gehen –
würde es vor Staunen sprachlos.
Selbst die Paradiesesgärten
strahlten hell, wenn du dort wohntest,
und erleuchteten das ganze
Himmelreich mit deiner Schönheit.
Du bist meine Nahrung, deshalb
nähre den, der nach dir hungert!

Chalid Ibn Yasid, gest. um 880
Aus dem Arabischen von Claudia Ott, 2007

～ 7 ～

Wer ist das? Der Zauber-Schminkstift perlt aus seinen Blicken,
Und von seinen Wangen kann man rote Rosen pflücken.

Wer ist das? Sein schwarzes Haar hat er der Nacht gestohlen,
Doch mit seiner hellen Stirn kann er sie niederdrücken.

Es ist der Emir, der Macht hat über alle Schönen.
Wenn sie sich verweigern, wird er sie mit Macht bedrücken.

Ja, ich schwöre es bei ihm, der mir ist lieb und teuer,
Darum kann mir wohl ein Schwur bei seinem Leben glücken:

Alle schönen Menschen sind durch ihn in größ'ren Ehren,
Denn die Schönheit selbst wohnt zwischen seiner Brust und
    Rücken.

Nimmt der schöne junge Mann den Spiegel in die Hand, so
Wird er selbst als Spiegelbild sein Spiegelbild entzücken.

Tausendundeine Nacht, 8.–15. Jahrhundert
Aus dem Arabischen von Claudia Ott, 2004

～ 8 ～

Die Schönheit selbst sollte sich mit ihm vergleichen.
Da blickte die Schönheit beschämt auf die Knie.

Man fragte: «Hast du, liebe Schönheit, schon einmal…»
Sie sagte: «… solch einen gesehen? Noch nie!»

Tausendundeine Nacht, 8.–15. Jahrhundert
Aus dem Arabischen von Claudia Ott, 2004

~ 9 ~

Trüg' von Schiras der schöne Türke
mein Herz als Raub in seiner Hand,
Ich weihte seinem Inder-Male
Buchara gern und Samarkand!

Reich, Schenke, mir des Weines Neige:
Im Paradiese gleichet nichts
Musalla, unserm Rosenhage,
noch Ruknas grünem Uferband!

Oh, daß ein solcher Stadtzigeuner,
berückend, frech und schlimm berühmt,
Mir mit dem Plündersinn von Türken
des Herzens Ruhe hat entwandt!

Meiner höchst unvollkommnen Liebe
des Freundes Anmut leicht enträt;
Wozu bedarf das schöne Antlitz
des Pinsels und der Schminke Tand?

Von Joseph aber, dessen Lichtglanz
die Welt erhellte, weiß ich dies:
Die Liebe lockt, sie lockte einstmals
Suleiken aus der Keuschheit Wand.

Ob Du mich schiltst, ob Du mein spottest,
ja, mich verfluchst – ich segne Dich:
Das bittre Wort tönt süß vom Munde
aus Karneol und Zuckerkand.

Lausch, Trauter, meinem Rat, o lausche,
  denn werter als das Leben gilt's
Dem Jüngling, der von Glück beflügelt,
  wenn weiser Greise Rat er fand:

Von Wein und Musikanten singe!
  Der Welt Geheimnis lasse ruhn!
Dies Rätsel löste nicht, noch löst es
  ein philosophischer Verstand.

Ghaselen sangst du, Hafis, Perlen
  hast du gereiht. Komm, singe froh!
Auf dein Gebinde streut bewundernd
  der Himmel der Plejaden Band.

Hafis, gest.1389
Aus dem Persischen von Johann Christoph Bürgel, 1972

～ 10 ～

He, ihr Türken! Eure Söhne stammen
wohl vom schönen Yusuf und der Königin von Saba ab?

Eure Schönheit ist ein Trick des Teufels!
Euer Blick belebt und stürzt doch alle Welt ins Grab.

Kommt mir nicht zu nah! Denn eure Nähe
bringt vom Glauben und von ihrem Geld die Männer ab!

Abul-Barakat al-Alawi, um 1000 (?)
Aus dem Arabischen von Claudia Ott, 2007

~ 11 ~

Schöner als jede andere ist meine Geliebte:
  süße Lippen und ganz aus Zucker.
Schöner als Hyazinthen sind ihre Locken,
  schöner als Rosen sind ihre Wangen.
Schwarze Augen, schwarze Brauen,
  schwarze Haare, Haar für Haar schön.
So schmal ist ihr Mund, als wäre er gar nicht da,
  und schön wie ihr Mund sind ihre Worte.
Perlen gleichen ihre Zähne,
  nein, weißer und glatter als Perlen sind sie!
Zarter als ein Härchen ist ihre Taille,
  ihre Haut ist reiner als weißer Stoff.
Ihr Wuchs ist aufrechter als der einer Zypresse,
  und aufrecht wie ihr Wuchs ist ihr Gang.
Von welcher Seite ich sie auch betrachte:
  Wie eine Fee ist sie, von Kopf bis Fuß.
Möge Gott alle jene Münder zerbrechen,
  die da sagen, die Inderinnen seien schön.
So viele Dörfer, so viele Städte –
  doch Peschawar ist schöner als das Nachbarland.
Schöner als alles andere ist es,
  im Frühling in der Steppe zu jagen.
Schön ist in Indien die Dschanba-Blume,
  aber die Distel in der Heimat ist tausendmal schöner als sie!

Choschhal Chan Chattak, gest. 1689
Aus dem Paschto von Lutz Rzehak und Claudia Ott, 2007

~ 12 ~

Sie bog sich, wie sich der Zweig der Weide im Ostwind biegt.
Ach sieh doch, wie nett und schön und süß sie die Hüften wiegt!

Wir glaubten, wenn sie beim Lächeln leuchtende Zähne zeigt,
Es wäre ein Blitz, der mit den Sternen im Wettstreit liegt.

Und senkt sie von ihrem schwarzen Haar eine Locke nur,
Dann dunkelt die Nacht; das Licht des Morgens stirbt und verfliegt.

Doch wenn in dem Dunkel dann ihr schönes Gesicht erstrahlt,
Dann siehst du, wie Ost und West und alles im Lichte liegt.

Man sagt: «Sie ist wie die Antilope!» Doch das ist dumm,
Denn wer sie mit einer Antilope vergleicht, der lügt.

Woher hat die Antilope Wuchs und Gestalt wie sie?
Woher ihre honigsüße Lippe, die nie versiegt?

Ihr Auge, so weit und groß, kann töten im Liebeskampf,
Und fängt den Gefangenen, der sich ihren Qualen fügt.

Ich brenne nach ihr, wie nur ein Araber brennen kann.
Kein Wunder, dass jeden Mann die Sehnsucht nach ihr besiegt!

Tausendundeine Nacht, 8.–15. Jahrhundert
Aus dem Arabischen von Claudia Ott, 2004

~ 13 ~

In einem blauen Kleid kam näher sie,
Blau wie der Himmel und wie Lapislazuli.

Ich sah in ihrem Kleid den Sommermond,
Der kalten Winternächten warmes Licht verlieh.

Tausendundeine Nacht, 8.–15. Jahrhundert
Aus dem Arabischen von Claudia Ott, 2004

~ 14 ~.

Drei Vollmonde

Mond, du brüstest dich prahlend:
   «Ich erleuchte die Welt!»
Doch ein irdischer Mond scheint strahlend,
   wenn sie mich umfangen hält.
Ja, glaub mir, ich werd sie dir zeigen,
   wenn jäh ihre Hülle fällt.
Du wirst dich verlieben und schwächer
   leuchten am Himmelszelt.

Mein leuchtender Mond, wohin schwimmst du
   in dieser endlosen Nacht?
Du hast in vielen Fenstern
   manch schlafende Schönheit bewacht.
Am Hemd hat meine Liebste
   die Knöpfe aufgemacht,
Die Sterne vergehn, wenn zum Himmel
   das Licht ihrer Brüste lacht.

Du junge Schöne hast Wasser
    von unserer Quelle geholt.
Der Mond ist von deinen Brüsten
    silbern ins Wasser gerollt.
Zutiefst könnte den ich beneiden,
    dem du gabst deiner Liebe Sold,
Der das Rund deiner Lippen küsste
    und deines Leibes Gold.

Nahapet Khutschak, gest. 1592
Aus dem Armenischen von Levon Mkrtschjan und
Annemarie Bostroem, 1987

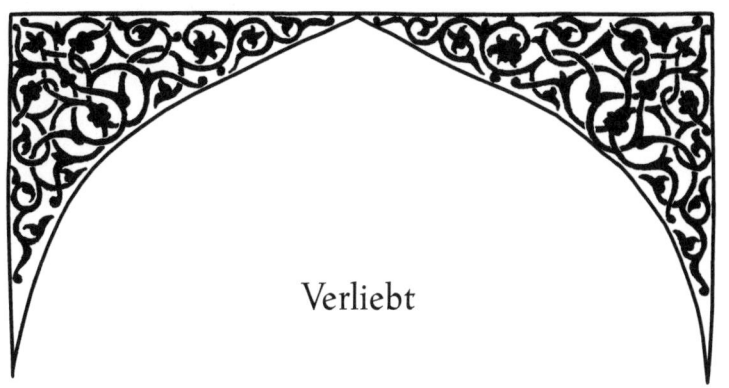

Verliebt

～ 15 ～

Bald wird der Augenblick des Wiedersehens kommen.
Und wieder bin ich ganz verrückt, bin wie benommen;
Wieder rast mir das Herz, es zittern meine Hände.
Und wieder ist's, als hätte eine andre Welt mich aufgenommen.

Ach! Klinge, gib doch acht, zerkratze mir die Wangen nicht!
Ach! Bringet mir das Haar nicht durcheinander, meine Hände!
Und du, mein Herz, lass mich die Fassung nicht verlieren!
Bald wird der Augenblick des Wiedersehens kommen.

Omid, gest. 1990
Aus dem Persischen von Kurt Scharf, 2005

~ 16 ~

*Annäherung an eine Schöne in der Reisesänfte
unter der Obhut ihres Mannes*

Wir kamen zu den Sänften, an deren Seite ritt
ein hagrer, dessen Schulter scharf durch das Hemde schnitt.

Ein Mann, der leicht nicht blinzet, und drein schaut wie der Tod,
wo recht uns ohne Rückhalt sein Grimm entgegentritt.

Da schwenkten wir und grüßten, gezwungen grüßt' er uns,
indess der Grimm ihm würgend hinab die Kehle glitt.

Ich gab auf eine Meil' ihm Geleit, und wollt' es Gott,
solang ers Leben hätte, ritt' ich zum Trotz ihm mit.

Und als sie keinen Rat sah, und daß er zwischen uns
ein Vorhang sei der Trennung, der keinen Zugang litt;

Da schoß sie einen Blick mir – würd' ein Gewappneter
gestreift von einem solchen, des Lebens wär er quitt –

Und einen Glanz des Auges, der Wolke Leuchtung gleich,
wenn sie zum Hochland, Regen verheißend, hinüberglitt.

*Abdallah Ibn ad-Dumaina, um 750
Aus dem Arabischen von Friedrich Rückert, 1846*

～ 17 ～

Der Kleinbus

Am ersten Tag sah ich sie, sie sah mich,
Und wir standen uns gegenüber.
Beim zweiten Mal lachte ich, sie zwinkerte mir zu.
Feuer fuhr in unsere Herzen.
Am dritten Tag traf mich ein Pfeil.
Jetzt bleiben wir beisammen, ich und du.
Der Böse Blick soll uns nicht treffen.
Man fühlt sich wie einer, der einen neuen Kleinbus gekauft hat
und vom Hupen nicht genug kriegen kann.

Dschardschura Ruskallah, geb. 1937
Aus dem Neuwestaramäischen von Werner Arnold, 2002

~ 18 ~

Die Zeitung

Er nahm die Zeitung aus der Manteltasche
und eine Streichholzschachtel,
und ohne dass er meine Unruhe bemerkte,
und ohne überhaupt auf mich zu achten,
zog er die Zuckerdose vor mir weg.

Er ließ zwei Zuckerwürfel in der Tasse schmelzen –
Nein, mich warf er hinein! –
Zwei Zuckerwürfel ließ er flüssig werden.

Zwei Augenblicke später,
und ohne mich zu sehen,
und ohne dass er wusste, welche Leidenschaft mich
    überkommen hatte,
zog er den Mantel vor mir weg
und verschwand im Gedränge.

Zurück ließ er die Zeitung,
allein,
so einsam wie mich.

Nisar Kabbani, gest. 1998
Aus dem Arabischen von Claudia Ott, 2007

～ 19 ～

Welch ein Wunder, wie nach mir sich
alle Köpfe drehen,
Alsob sonst sei kein Verliebter
vor wie nach zu sehen.

Laß die Lieb', und wieder wirst du
den Verstand gewinnen:
Sagen sie. Wenn ich sie ließe,
würd er erst entrinnen.

Welch ein Wunder, daß ich liebe,
was mich bringt in Nöte,
Gleichalsob ichs ihm vergüten
müßte, daß michs töte!

Das ist auch von Lieb' ein Zeichen,
daß mir nun die Deinen
Sind im Herzen und im Auge
lieber als die Meinen.

Al-Hussein Ibn Mutair al-Asadi, gest. 786
Aus dem Arabischen von Friedrich Rückert, 1846

～ 20 ～

klein ist das herz
mein herz
& groß ist die liebe
meine liebe

es lässt sich forttragen vom wind
bricht einen granatapfel auf
& stürzt in die weglose wildnis zweier mandelaugen

aus der morgendämmerung zweier lachgrübchen
   erhebt es sich wieder

aber da hat es schon den heimweg
& seinen eigenen namen
vergessen

Mahmud Darwisch, geb. 1941
Aus dem Arabischen von Claudia Ott, 2007

～ 21 ～

Sie ist die Sonne und wohnt im Himmel,
Drum tröste, wenn du kannst, dein Herz.

Denn weder kann sie zu dir sinken,
Noch steigst du zu ihr himmelwärts.

Al-Abbas Ibn al-Ahnaf, gest, um 800
Aus dem Arabischen von Claudia Ott, 2004

∼ 22 ∼

Sie ist eine Perle und wohnt verborgen in einer Muschel
Aus pechschwarzem Haar, so schwarz wie die schwärzeste Kohle.

Ihr Perlentaucher ist das Denken, das nach ihr taucht,
Doch lässt sie sich niemals öffnen in der Tiefe der Meeressohle.

Ibn Arabi, gest. 1240
Aus dem Arabischen von Claudia Ott, 2007

∼ 23 ∼

Ach, wärest du süß, auch wenn das Leben mir bitter ist,
Und wenn alle zürnen, ach, wärst du nur zufrieden!

Ach, blühte, was zwischen mir und dir ist! Und das, was zwischen
Mir und der Welt ist, läg in Trümmern hienieden.

Wenn du endlich unserer Verbindung dein Jawort gibst,
Wird alles auf Erden leicht wie Staub, und wird Frieden.

Abu Firas al-Hamdani, gest. 968
Aus dem Arabischen von Claudia Ott, 2008

Leila und Madschnun

~ 24 ~

Hör auf der Flöte Rohr, was es erzählt,
Hör, wie es klagt, von Abschiedsschmerz gequält:

Seit man mich aus der Heimat Röhricht schnitt,
Weint alle Welt bei meinem Tönen mit.

Kein Hauch, nein, Feuer sich dem Rohr entwindet.
Verderben dem, den diese Glut nicht zündet!

Der Liebe Glut ist's, die im Rohre saust,
Der Liebe Gären, das im Weine braust.

Dem Liebeskranken steht die Flöte bei,
Ihr Tönen riß die Schleier uns entzwei.

Vom Pfad im Blute will das Rohr berichten,
Von Madschnuns Lieb erzählet es Geschichten.

Rumi, gest. 1273
Aus dem Persischen von Hellmut Ritter, 1932

～ 25 ～

Zu Leila in der Wüste kam ich an einem Ort
nach Jahren, und die Thräne vom Auge floß mir dort.

Der Leila, wo sie gehet, folg ich, und wo sie steht;
was ist ein Leben anders, als daß man kommt und geht!

Es ist alsob ein Zügel gelegt ans Herz mir sei,
und sie, wo sie mag weilen, mich führ' umher dabei.

Anonym, vor 840
Aus dem Arabischen von Friedrich Rückert, 1846

～ 26 ～

Ich wandre durch das Land, in welchem Leila früher lebte,
Wobei ich mal die eine Wand und mal die andre küsse.

Es ist nicht Liebe zu dem Land, die mir mein Herz verbrannte,
Sondern zu der, die dort gewohnt und die ich nun vermisse.

Kais Ibn al-Mulawwah, genannt Madschnun Leila, um 700
Aus dem Arabischen von Claudia Ott, 2004

～ 27 ～

Ob meine Leila käme, wollt' ich schauen;
  Sie kam nicht, doch vorm Auge stand ihr Traumbild.
Will mein Geheimnis andern nicht vertrauen –
  Zur Liebe hat mein Herz gewandt ihr Traumbild.

Daß ich so einsam, hat mein Lieb bedacht:
Mit Schönheitsfleckchen sah ich sie heut' Nacht,
Mit weißem Nacken, weißgekleidet, sacht
  Sich wiegend, zu mir lächelnd fand ihr Traumbild.

Nur ihre Liebe habe ich im Sinn,
Im Schlaf, im Wachen tritt sie vor mich hin,
Sie steht vor mir, wo ich auch immer bin –
  Mein Weggefährte ward im Land ihr Traumbild.

So kann ich wohlgemuten Herzens gehen:
Unwandelbar seh ich sie vor mir stehen
Und kann ihr Trostwort «Ich bin dein!» verstehen –
  Mein schweifend Herz nahm in die Hand ihr Traumbild.

Gülşenizade Hayali, gest. 1569
Aus dem Türkischen von Annemarie Schimmel, 1993

⁓ 28 ⁓

Qais

Also sprach stets Qais:
Ich war das Kleid der Menschheit
Und Laila war mein Kleid.

Ich sah
Wie seine Wangen Feuer fingen
Wie er mit ihren Wäldern sprach
Bis tief in die Nacht bereit.

Ich sah
Wie er den Mond auflas
Stück für Stück
Von den Ufern der Schlaflosigkeit.

Adonis, geb. 1930
Aus dem Arabischen von Stefan Weidner, 2000

Paradies und Apfelgarten

Häresie

Kennt ihr schon
meine neueste Häresie?
Ihr werdet mir nicht glauben,
doch ich
singe die glückliche Liebe.

Abdellatif Laâbi, geb. 1942
Aus dem Arabischen von Stefan Weidner, 2000

~ 30 ~

Genieße, Freund, dein wundervolles Reh,
    lasst beide tönen Jubel und Gesang!
Erfreu dich ihres palmenschönen Wuchses,
    der sanft sich biegt und neigt wie Myrtenzweige.
Das Klirren ihres Halsbands fürchte nicht,
    wenn Abendhauch ihr Stirngeschmeide schüttelt,
und scheue nicht die taubengleichen Augen,
    die dich mit Wein der Leidenschaft berauschen.
Dein Herz sei stark, von ihrem Arm umschlungen,
    im Klang des Armreifs und der Füße Schmuck.
Entflieh den Schlangen ihrer Locken nicht,
    auf ihrem schamgebadeten Gesicht.
Ruft sie dich nicht mit liebevollem Gruß?
    Ihr Antlitz voller Glanz ist tief verborgen.
Im Liliengarten die Granatenäpfel,
    mit Nelkennägeln sind sie festgesteckt.
So lass die Hände über ihren Leib
    gelinde streichen und sie sanft betasten.
Du weißt, die Zeit ist deiner Wünsche Sklave;
    zu Wunsch und Willen steht dir jede Stunde:
sie eilt, dir jede Bitte zu erfüllen,
    und was dein Herz verflucht, das jagt sie fort.

Moshe Ibn Esra, gest. 1135
Aus dem Hebräischen von Georg Bossong, 2005

~ 31 ~

Mein Freund ist mein, vnd ich bin sein,
der vnter den Rosen weidet.

Der mich mehr noch liebt als sich
Der nur mich liebt und sonst keine
Der ist mein' und sein' auch ich
Seine bin ich und er meine
Liljen sind jhm eine Lust
Und Violen seine Kost.

Mein Freund ist mein,
Und ich bin sein,
Der unter Rosen weidet.

So sorgsam ist mein Freund. Er will, ich soll allein
Ihm über alles lieb, und er soll mir es seyn.
Er gönnt mir den Genuß der allergrößten Freuden,
Und läßt mich neben sich auf frischen Rosen weiden.

Mein Minner ist mein, und ich bin sein,
der unter Lilien weidet.

Jetzt gehöre ich ihm ganz,
dem Geliebten,
und er gehört mir.
Eine Wiese bin ich
von dunklen Anemonen.
Er weidet über mich hin.

Mein Freund ist mein, ich sein,
der unter Lilien weidet.

Hohelied, ca. 500 v. Chr.
Deutsch von Martin Luther, 1545; Martin Opitz, 1624;
Moses Mendelssohn 1771; Johann Gottlob Wilhelmi, 1764;
Martin Buber, 1925; Manfred Hausmann, 1958;
Johann Wolfgang von Goethe, 1775

～ 32 ～

Wenn du wirklich mein Liebster bist, so schreibe mir
Mir allein ein Hohes Lied und ritze meinen Namen
In den Stamm eines Granatapfelbaums
In den Gärten Babylons.

Mahmud Darwisch, geb. 1941
Aus dem Arabischen von Adel Karasholi, 2004

～ 33 ～

Der Apfel

Den Apfel, wahrlich, Gott erschuf ihn nur
    zur Lust an seinem Duft und seinem Kuss:
er scheint den Liebenden und die Geliebte
    mit seinem Grün und Rot in sich zu einen.

Moshe Ibn Esra, gest. 1135
Aus dem Hebräischen von Georg Bossong, 2005

～34～

Ein Apfel mit zwei Farben. Die eine: die Wange des Liebsten,
Die andere: der Geliebte, und beide zerfließen sie weich.

Sie lagen umschlungen auf einem Kissen, und als man sie weckte,
Da wurde der eine schamrot, der andre vor Schrecken ganz bleich.

Tausendundeine Nacht, 8.–15. Jahrhundert
Aus dem Arabischen von Claudia Ott, 2004

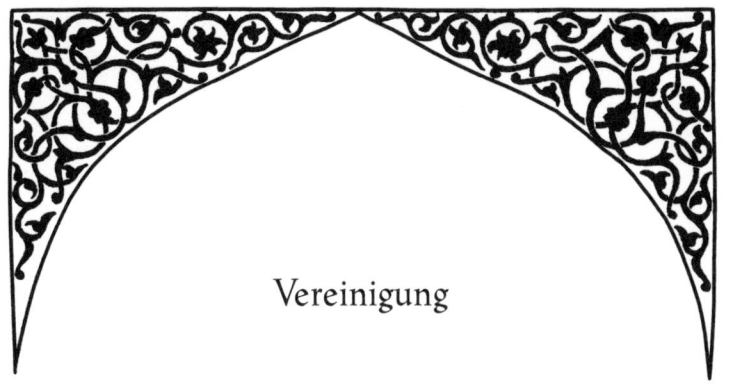

Vereinigung

～ 35 ～

Deine Liebe ist mit meinem Leib vermischt
wie Honig ist, eingetaucht in Wasser,
wie Balsam, dem Harz beigemischt ist,
wie Teig, vermengt mit Pulver.

Papyrus Harris 500, um 1200 v. Chr.
Aus dem Altägyptischen von Hannelore Kischkewitz, 1973

～ 36 ～

Dein Geist hat sich gemischet mit dem meinen,
Wie Moschus mit dem Ambra, duftend reinen:
Was Dich berührt, muß mich sogleich berühren.
So bist Du ich – ein ungetrennt Vereinen!

Es hat mein Geist gemischt sich mit dem Deinen,
Wie Wein vermischt mit klarem Wasser sich.
Wenn etwas Dich berührt, rührt es auch mich an,
Denn immer bist und überall Du ich.

 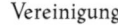

Ich bin der, den ich lieb'; Er, den ich liebe,
Ist ich – zwei Geister, doch in einem Leibe.
Und wenn du mich siehst, hast du Ihn gesehen.
Und wenn du Ihn siehst, siehest du uns beide.

Al-Halladsch, gest. 922
Aus dem Arabischen von Annemarie Schimmel, 1985

～ 37 ～

Wie sollte die Seele nicht fliegen,
    wenn aus Seiner Nähe es singt
Und lieblich der Spruch Seiner Gnade:
    «Erhebe dich!» vor ihr erklingt?
Wie sollte der Fisch sich nicht stürzen
    vom Trocknen ins leuchtende Meer,
Wenn lockend die Stimme der Welle
    zu ihm aus dem Ozean dringt?
Wie sollte der Falke zum König
    nicht eilen geschwind von der Jagd,
Sobald ihm die Trommel des Herrschers
    den Ruf «Kehr zurück zu mir!» bringt?

Nun fliege, nun fliege, du Vogel
    zu deinem ureigenen Platz,
Vom Käfig bist du befreit,
    gebreitet dein Federkleid blinkt!
O gehe, o gehe, o Seele,
    und flieht aus der Welt voller Leid
In jene, wo man den Becher
    des ewigen Einswerdens trinkt!

Rumi, gest. 1273
Aus dem Persischen von Annemarie Schimmel, 1978

～ 38 ～

Vor Gott beklage ich mich über das,
was mir an Liebe widerfahren ist
mit einem Mädchen, dem mein Herz sich hingab:
Als unsere Seelen in unserer Umarmung verschmolzen,
da schien es mir, als würde Geist mit Geist vermischt.
Und als ich sie, erwacht vom Schlummer, küsste
– in meinem Innern brannte noch die Liebeslust –,
da war's, als ließe ich mit ihren Atemzügen
eine zweite Seele
zu der Seele zwischen meinen Rippen ein,
so dass, wenn ich gesagt bekäme:
nun wähle eine von den beiden, welche willst du?
so hätte ich die neue Seele nötiger!

Abu Ishak as-Sabi, gest. 994
Aus dem Arabischen von Claudia Ott, 2007

～ 39 ～

Du – das weiß ich – bist die Stille hier,
Du tratst ein, und nun, ich lausche dir.
Niemand ist im Haus; alleine du …
Selbst dein Atem ist mein Atem nur,
Oh Verströmen, Warten, Sehnsuchtspein:
Du, wie ich, so unsagbar allein,
In der Flöte deiner Stimme Spur;
Blick mit meinem Aug, mir zugewandt,
Weich liegt meine Hand in deiner Hand,
Deine Stimme meines Rausches schwer.
Nur noch du bestehst. Ich bin nicht mehr.

Salahattin Batu, gest. 1979
Aus dem Türkischen von Annemarie Schimmel, 1993

～ 40 ～

So barg ich die Geheimnisse der Liebe,
   daß meine Lippe selbst
Niemals erfahren hatte, wessen Namen
   ich auf der Zunge trug.

Abu Talib Kalim, gest. 1651
Aus dem Persischen von Annemarie Schimmel, 1995

Die Religion der Liebe

～ 41 ～

O mein Herr, die Sterne scheinen,
Und die Augen der Menschen sind geschlossen,
Und Könige haben ihre Tore geschlossen,
Und alle Liebenden sind allein mit ihren Geliebten.
Und hier bin ich,
Allein mit Dir.

Geliebter der Herzen,
Ich habe niemanden gleich Dir allein,
Daher habe heute Mitleid mit der Sünderin, die zu Dir kommt.
O meine Hoffnung und meine Stütze und mein Entzücken,
Das Herz kann niemand anderen lieben als Dich.

Rabia von Basra, gest. 801
Aus dem Arabischen von Margaret Smith, 1928,
und Inge von Wedemeyer, 1997

～ 42 ～

Zum Himmel thu' ich jede Nacht den Liebesruf,
  Der Schönheit Gottes voll, mit Macht den Liebesruf.
Mir jeden Morgen Sonn' und Mond im Herzen tanzt,
  Zu Sonn' und Mond thu' ich erwacht den Liebesruf.
Auf jeder Au erglänzt ein Strahl von Gottes Licht;
  Ich thu' an Gottes Schöpferpracht den Liebesruf.
Die Turteltaub' im Laub, erweckt von meinem Gruß,
  Thut mir entgegen girrend sacht den Liebesruf.
Dem Felsen, der zu deinem Preis mit Licht sich krönt,
  Zuruf' ich, und er nimmt in Acht den Liebesruf.
Dir thu' ich für die Blum' im Feld, die schüchtern schweigt,
  Fürs Würmlein, das du stumm gemacht, den Liebesruf.
Das Weltmeer preist mit Rauschen dich, doch ohne Wort;
  Ich hab' in Worte ihm gebracht den Liebesruf.
Dir thu' ich als das Laub am Baum, als Tropf' im Meer,
  Dir als der Edelstein im Schacht, den Liebesruf.
Ich ward in allem alles, sah in allem Gott,
  Und that, von Einheitglut entfacht, den Liebesruf.

Rumi, gest. 1273
Aus dem Persischen von Friedrich Rückert, 1819

～ 43 ～

Tritt an zum Tanz! wir schweben in dem Reihn der Liebe,
  Wir schweben in der Lust und in der Pein der Liebe.
Der ew'gen Liebe Botschaft hört' ich von dem Tode,
  Daß Gott den Tod getränkt im Lebenswein der Liebe.
Die Kraft der Liebe löste leise mir den Nabel,
  Als Mutter Liebe mich gebar ins Sein der Liebe.
Ich frug die Liebe: Wie soll ich der Lieb' entgehen?
  Sie sprach: Ohn' Ausgang ist der Zauberhain der Liebe.
Der Liebe Zauberspiegel strahlet Weltgestalten,
  Der Blick verirrt sich in den Schilderein der Liebe.
Gieb deinen Leib wie Gold in Liebe's Läutrungsschmerzen;
  Denn Schlack' ist Gold, das nicht die Glut macht rein der Liebe.
Ich sage dir, warum das Weltmeer schlägt die Wogen:
  Es tanzt im Glanze vom Weltedelstein der Liebe.
Ich sage dir, wie aus dem Thon der Mensch geformt ist:
  Weil Gott dem Thone blies den Odem ein der Liebe.
Ich sage dir, warum die Himmel immer kreisen:
  Weil Gottes Thron sie füllt mit Wiederschein der Liebe.
Ich sage dir, warum die Morgenwinde blasen:
  Frisch aufzublättern stets den Rosenhain der Liebe.
Ich sage dir, warum die Nacht den Schleier umhängt:
  Die Welt zu einem Brautzelt einzuweihn der Liebe.
Ich kann die Rätsel alle dir der Schöpfung sagen;
  Denn aller Rätsel Lösungswort ist mein, der Liebe.

Rumi, gest. 1273
Aus dem Persischen von Friedrich Rückert, 1819

— 44 —

Ach Schöpfrad, warum klagest du?
   Ich leide, darum klage ich.
Denn sieh, ich liebe meinen Herrn,
   Und eben darum klage ich.

Mein Name ist das Schmerzensrad,
Mein Wasser fließt so glatt, so glatt,
Wie es der Herr befohlen hat —
   Und eben darum klage ich.

Sie fanden mich auf Bergeswächt,
Sie brachen Arm und Bein mir schlecht,
Zum Schöpfrad schien ich ihnen recht,
   Und eben darum klage ich.

Zurecht schnitt mich der Zimmermann,
Wies jedem Glied die Stelle an.
Von Gott kam dieser Jammer an —
   Und eben darum klage ich.

Ich zieh das Wasser aus dem Grund,
Ich gieß es aus und dreh' mich rund.
Seht, was ich leide Stund' um Stund'!
   Und eben darum klage ich.

Ich war ein Baum auf Bergen fern,
Nicht süß noch bitter ist mein Kern.
Ich bete stets zu meinem Herrn,
   Und eben darum klage ich.

Der Derwisch Yunus seufzt sein Ach,
Der Sünde gilt sein Tränenbach –
Ich liebe Gott ja allgemach,
    Und eben darum klage ich.

Yunus Emre, gest. 1321
Aus dem Türkischen von Annemarie Schimmel, 1982

～ 45 ～

Mein Herz ward fähig, jede Form zu tragen:
    Gazellenweide, Kloster wohlgelehrt,
Ein Götzentempel, Kaaba eines Pilgers,
    Der Tora Tafeln, der Koran geehrt:
Ich folg' der Religion der Liebe, wo auch
    Ihr Reittier zieht, hab' ich mich hingekehrt!

Ibn Arabi, gest. 1240
Aus dem Arabischen von Annemarie Schimmel, 1982

～ 46 ～

Wenn in deines Herzens Tiefen nur die Saat der Liebe sprießt,
Gleich ist, ob du in Moscheen oder Götzentempeln kniest;
Hast du in das Buch der Liebe deinen Namen eingeschrieben,
Nicht mehr denkst du dann an Strafe oder an Belohnung drüben.

Omar Chayyam, gest. um 1130
Aus dem Persischen von Adolf Friedrich von Schack, 1878

Was ist Liebe?

∼ 47 ∼

Wie ich die Liebe auch erklären will –
Komm ich zur Liebe, schweig ich schamvoll still.
Erklärung mag erleuchten noch so sehr,
Doch Liebe ohne Zungen leuchtet mehr.
Die Feder eilt im Schreiben, kaum zu halten –
Kommt sie zur Liebe, muß sie gleich sich spalten.
Verstand, der deutet: Esel im Morast!
Die Liebe wird nur durch die Lieb erfaßt.

Rumi, gest. 1273
Aus dem Persischen von Annemarie Schimmel, 1952

∼ 48 ∼

Lob den Liebenden und ihrer Liebestat:
    Alles außer Liebe ist für sie Verrat!
Keiner kann sie ändern, keiner dreht sie um,
    selbst wenn alle Welt nur Tadel für sie hat.
Redete man ihnen hundertmal gut zu –
    in ihr Ohr dringt nicht der kleinste gute Rat.
Dem Geliebten nach durch Welt und Seele ziehn –
    jeder andre wäre solcher Mühe satt!
Wer sein Leben lang im Aug' des Liebsten wohnt,
    dem vergeht sein Leben wie ein Stundenblatt.
Doch entfernt er sich für einen Augenblick,
    so ist der wie eine Ewigkeit so fad.
Müsste er zum Liebsten durch die Hölle geh'n,
    glänzte wie das Paradies der Höllenpfad.
Füße des Vertrauens gehn den Liebesweg,
    den noch kein Asket und frommer Mönch betrat.
Wann wird je das Werkzeug aufgefunden sein,
    einmal anzuhalten dieses ewige Rad?
Spiegelglatt und sauber ist das weite Meer –
    reiner als das Meer ist des Verliebten Tat.
Machte Gott das Herz des Liebsten auch zu Stein,
    baut Er diesen Stein doch in des Freundes Stadt.

Rahman Baba, gest. 1711
Aus dem Paschto von Lutz Rzehak und Claudia Ott, 2007

～ 49 ～

Weh dem, der ohne Leidenschaft geboren,
Der nie der Liebe Zauber sich erkoren:
Der Tag, der ohne Liebe dir vergeht,
Ist ein für allemal für dich verloren.

Omar Chayyam, gest. um 1130
Aus dem Persischen von Walter von der Porten, 1927

～ 50 ～

In Leidenschaft fiel tief mein Herz –
    Sieh, was die Lieb' aus mir gemacht!
Ich gab mein Haupt an Streit und Schmerz –
    Sieh, was die Lieb' aus mir gemacht!

Ich weine still in mich hinein,
In Blut färbt mich die Liebe ein,
Kann nüchtern nicht, verwirrt nicht sein –
    Sieh, was die Lieb' aus mir gemacht!

Bald weh' ich, wie der Wind es tut,
Bald staub' ich, wie ein Weg voll Glut,
Bald fließ' ich, wie des Wildbachs Flut –
    Sieh, was die Lieb' aus mir gemacht!

Blaß meine Haut, mein Auge weint,
Mein Herz zerstückelt und versteint,
Erfahren und dem Schmerz geeint –
    Sieh, was die Lieb' aus mir gemacht!

Als armer Yunus wohl bekannt,
Von Kopf bis Fuß voll Wundenbrand,
Ich schweife fern von Freundeshand –
  Sieh, was die Lieb' aus mir gemacht!

Yunus Emre, gest. 1321
Aus dem Türkischen von Annemarie Schimmel, 1970

～51～

Die Liebe ist ein fliegender Ort

Ich habe die Teppiche der Kalifen betreten
Und königliche Audienzen besucht
Doch nirgends fand ich eine Ehrerbietung
Die der Achtung eines Liebenden gegen seinen Geliebten glich

Und nirgends sah ich eine Fröhlichkeit
Die sich mit deinen Korallen messen konnte
Mein liebender Freund

Ich war dabei, wenn Männer vor Sultanen um Vergebung baten
Ich stand bei Angeklagten schwerster Verbrechen
Doch nirgends sah ich eine Demut
Wie die des Liebenden, der vor seinem Liebsten steht
Wenn der ihm zürnt.

Mohammed Bennis, geb. 1942
Aus dem Arabischen von Claudia Ott, 2008

~ 52 ~

Von der Liebe

Wenn die Liebe dir winkt, folge ihr,
Sind ihre Wege auch schwer und steil.
Und wenn ihre Flügel dich umhüllen, gib dich
    ihr hin,
Auch wenn das unterm Gefieder versteckte
Schwert dich verwunden kann.
Und wenn sie zu dir spricht, glaube an sie,
Auch wenn ihre Stimme deine Träume zerschmettern
    kann wie der Nordwind den Garten verwüstet.
Denn so, wie die Liebe dich krönt, kreuzigt sie dich.

Khalil Gibran, gest. 1931
Aus dem Englischen von Karin Graf, 1984

~ 53 ~

Wenn die Liebe schwach ist, bringt die Trennung sie zu Tode,
Ist sie stärker, so erweckt die Trennung sie zum Leben.
Denn ein kleines Flämmchen wird vom Wind leicht ausgeblasen,
Großen Flammen wird der Sturm erst neues Feuer geben.

Chalil Mutran, gest. 1949
Aus dem Arabischen von Claudia Ott, 2007

～ 54 ～

Mir raten die Leute von der Liebe zu Assa ab.
Sie streiten im Herzen gegen das, was mein Herz entschied.

Ich sagte: «So lasst doch meinem Herzen, was ihm gefällt,
Weil der, der ein Herz hat, mit dem Herz, nicht mit Augen, sieht.

Denn dort, wo die Liebe ist, da sehen die Augen nichts;
Das Ohr aber hört und folgt nur dem, was das Herz ihm riet!»

Kuthayyir Assa, gest. 723
Aus dem Arabischen von Claudia Ott, 2007

～ 55 ～

Lass dein Herz in Liebe wandern, wohin du willst:
Nur die Liebe zum ersten Geliebten ist wahre Liebe.

Auch das Heimweh gilt immer und ewig dem ersten Ort,
gleich an wie viel Orten der Welt man wohnen bliebe.

Abu Tammam, gest. um 845
Aus dem Arabischen von Claudia Ott, 2007

Ich liebe dich

～ 56 ～

Du bist mein Ziel, ich bin dein Pilger.
Du bist mein Arzt, und ich bin krank nach dir.

Bist du am Frühlingsanfang eine frische Rose,
So bin ich deine Nachtigall im Tulpengarten hier.

Rahman Baba, gest. 1711
Aus dem Paschto von Claudia Ott, 2007

～ 57 ～

Niemals steigt und niemals sinkt die Sonne,
Ohne daß nach Dir der Sinn mir stände;
Nie sitz' mit den Leuten ich zu sprechen,
Ohne daß mein Wort Du wärst am Ende.
Keinen Becher Wasser trink ich dürstend,
Ohne daß Dein Bild im Glas ich fände.
Keinen Hauch tu ich, betrübt noch fröhlich,
Dem sich Deingedenken nicht verbände.

Al-Halladsch, gest. 922
Aus dem Arabischen von Annemarie Schimmel, 1985

‿ 58 ‿

Ach du, der Wein im Munde führt,
    dessen Gesicht dem Vollmond gleicht,

Ach du, der schwarzen Zauber spuckt,
    und dessen weißer Zauber wirkt,

Ach du, mit dem es Liebe ist,
    wenn einer liebend ihn umarmt,

Und wenn er sich entfernt, so ist
    die absolute Trennung da –

Ach du, der solche Ränke kennt,
    die schlechthin List und Tücke sind,

Ach du, der, wenn er «Nein» sagt: NEIN
    und wenn er «Ja» sagt: JA befiehlt,

Bei Gott, kann ich dich nicht vergessen?
    Oder ist das Denken tot?

Solang Tropfen unzählbar sind,
    bemisst man meine Liebe nicht.

Solang das Meer nicht trocken wird,
    vertrocknet meine Liebe nicht.

Solang das Schicksal nicht vergeht,
    vergeht auch meine Liebe nicht.

Abu Nuwas, gest. 815
Aus dem Arabischen von Claudia Ott, 2007

～ 59 ～

Meine Freundin fragt mich:
Was ist der Unterschied zwischen mir und dem Himmel?

Das ist der Unterschied zwischen euch beiden:

Wenn du lachst, meine Liebste,
Vergess ich den Himmel.

Nisar Kabbani, gest. 1998
Aus dem Arabischen von Claudia Ott, 2008

～ 60 ～

Mein Leid um dich, der Hoffnung Ziel,
Erscheint gar köstlich mir.
Bis meine Tage enden, kehr
Ich nimmer mich von dir.
Wenn man mir sagt: «Vergessen wirst
Du bald die Liebe sein»,
So spreche ich als Antwort nur
Das eine Wörtchen «Nein!»

Ibn Hasm al-Andalusi, gest. 1064
Aus dem Arabischen von Max Weisweiler, 1961

～ **61** ～

Hör auf! Du kannst nicht mehren meine Liebe,
Sie ist am Ziel, und kennet keine Schranken.
Du sandtest mir das Glas, gefüllt mit Huld,
Ich send' es dir, gefüllt mit Lieb, zurück.
Es überfließet und es faßt nicht mehr.
Gedoppelt ist's, da du es einfach wähnest.
Natur gab dir die Edelste der Gaben,
Nicht zu erinnern Freunde an ihr Wort.
Der Jahreszeit verglichen bist du Frühling,
Und deine Eigenschaften sind die Rose.

Mutanabbi, gest. 965
Aus dem Arabischen von Joseph von Hammer, 1824

Reich mir den Krug!

~ 62 ~

Gebt euch den Mädchen hin, solang es euch gefällt!
Ein kurzer Märchentraum, ein Windhauch ist die Welt.

Freut euch der Gegenwart, denkt an Vergangnes nicht,
blickt in die Zukunft fest mit furchtlosem Gesicht!

Was brauch ich mehr, als daß ein schönes Weib mich küßt,
die, Moschusduft im Haar, hold wie die Huris ist.

Reich wird, wer Liebe gibt, mit Liebe auch beschenkt,
arm bleibt, wer niemals gibt und nichts zurück empfängt.

Glaubt mir, die flüchtige Welt ist eitel Traum und Trug,
was auch geschehen mag, Sâkî, reich mir den Krug!

Rudaki, gest. um 940
Aus dem Persischen von Werner Sundermann
und Martin Remané, 1983

~ 63 ~

Geliebter, führ mich in den Weinberg, schenk mir
    zu trinken ein, dass Freude mich erfüllt!
Mir hangen an die Kelche deiner Liebe,
    vielleicht dass sie den Kummer mir verjagen.
Wenn du auf meine Liebe acht Mal trinkst,
    so trinke ich auf deine achtzig Mal!
Doch wenn ich vor dir sterbe, liebster Freund,
    dann schaufle mir das Grab mit Rebenwurzeln!
Mit Rebensaft vollziehe meine Waschung
    und balsamiere mich mit Traubenkernen!
Nie sollst du meinen Tod beweinen – spiel
    mit Harfe, Flöten und mit Lauten auf!
Und setze auf mein Grab kein Mal aus Staub,
    nur neue Schläuche voll mit altem Wein!

Shelomo Ibn Gabirol, gest. vor 1056
Aus dem Hebräischen von Georg Bossong, 2005

~ 64 ~

Ich trinke aus trunkenem Kelch
und kehre aus mir in mich
und in mir liebe ich mich.

    Denn ich bin mein Geist und mein Wesen ist Wahrheit;
    sie tränkt und erfüllt mich mit lieblichem Wein.
    Was schere ich mich um der Leute Geschwätz?
Drum such das Erhabne bei mir
und trinke zu deinem Wohl
den alten und klaren Wein!

Ich gebe mich kund in mir selbst, drum erkenne,
und füg mir kein Zweites hinzu, und versteh!
Das Auge des Alls bin ich, hange mir an!
Lass ab von «ihm» und von «ihr»,
gib auf Subjekt und Objekt
und liebe mit klarem Entschluss!

Vergängliches stirbt, doch es bleibt mir mein Leben;
mein Leben, es trennt meine Züge nicht auf.
Mein All ist mein Wesen, mein Wesen mein All.
Mein Wesen ist Sonnenglanz:
es leuchtet aus mir auf mich,
und in mir liebe ich mich.

Schuschtari, gest. 1269
Aus dem Arabischen von Georg Bossong, 2005

∼ 65 ∼

Noch einen Schluck des roten Weins, es will schon tagen,
Laßt uns am Stein das Glas des guten Rufs zerschlagen,
Weist's von der Hand, nach der Erlösung Weg zu fragen,
Laßt uns, mit Liebchens Locken spielend, Laute schlagen.

Omar Chayyam, gest. um 1130
Aus dem Persischen von Walter von der Porten, 1927

Gedichte über Gedichte

~ 66 ~

Ein Buch mit Versen und ein wenig Wein,
Ein halbes Brot, und dann mit dir allein
Zusammen dort in tiefverschwiegner Wildnis
Ist besser, als des Landes Schah zu sein.

Omar Chayyam, gest. um 1130
Aus dem Persischen von Walter von der Porten, 1927

~ 67 ~

In welcher Sprache ich auch schriebe,
Persisch und türkisch gilt mir gleich.
Ein Himmel wölbt sich über jedem Reich,
Und Liebe reimt sich überall auf Liebe.

Hafis, gest. 1389
Nachdichtung von Klabund, 1919

— 68 —

Lesebuch

Wunderlichstes Buch der Bücher
Ist das Buch der Liebe;
Aufmerksam hab' ich's gelesen:
Wenig Blätter Freuden,
Ganze Hefte Leiden;
Einen Abschnitt macht die Trennung.
Wiedersehn – ein klein Kapitel,
Fragmentarisch! Bände Kummers,
Mit Erklärungen verlängert,
Endlos, ohne Maß.
O Nisami! – doch am Ende
Hast den rechten Weg gefunden;
Unauflösliches, wer löst es?
Liebende sich wieder findend.

Johann Wolfgang von Goethe, gest. 1832
Aus «Westöstlicher Divan», 1819

— 69 —

Übers Gold der Kerzen hinweg
In deinen rot bemalten Gewändern
Finde ich dich in einer Kirche nachts
Ikone sehr sanfter Geduld
Und es ist Torheit dir so nahe zu sein und nicht
In deinen Augen demütig wie die Nacht und dunkler
Dieses nie zuvor geschriebene Gedicht zu sehen

Georges Schehadé, gest. 1989
Aus dem Französischen von Jürgen Brôcan, 2006

Liebe für ein ganzes Leben

Deine beiden großen Augen:
Sterne auf der Himmelsbahn,
und dein kleines weißes Antlitz: wie der Thron von Schah Jahân,
deine zierlichen Gelenke wie die Schwerter von Iran,
deine zarte Taille gleicht dem Banner hoch von Sulaimân –
  o mein Liebling, weine nicht,
  ach weine nicht vor Gram!

Wiegenlied aus dem Pathanengebiet
Aus dem Paschto von Annemarie Schimmel, ca. 2000

～ 71 ～

Für mich
riechen deine Hände nach Muskat
und Kindertagen.

Für mich
ist dein Mund ein sanftes Ufer,
nahgespült und unbewacht.

Für mich
hat sich das Blau deiner Augen
zurückgezogen zu meinen Schiffen.
Wir schlafen auf dem Flussbett.
Fische von damals kommen
und küssen uns die Zehen.

SAID, geb. 1947
Aus «Sei Nacht zu mir», 1998

～ 72 ～

Meine Brust durchbohrte heut ein Liebchen, spielend Kastagnetten,
 Rosenwangig, rosablusig, und in Seiden, violetten.
Lichtgesichtig, silbernackig, mit zwei Schönheitsmalen, netten,
 Rosenwangig, rosablusig, und in Seiden, violetten.

Einen reichgestickten Turban sie sich um ihr Köpfchen schlingt,
Ihre parfümierten Brauen hat mit Surma sie geschminkt,
Und ich glaub, daß ihre Jahre kaum auf fünfzehn sie erst bringt –
 Rosenwangig, rosablusig, und in Seiden, violetten!

Als den Schmuck für alle Häuser, jeden Hochsitz man sie kennt,
Kaum ein Jahr, daß sich die Amme von dem Kinde hat getrennt!
Meine Freude, Herz geliebtes, meines Lebens Element –
  Rosenwangig, rosablusig, und in Seiden, violetten!

Unvergleichlich ihre Anmut, ihre Art, ihr Laut, ihr Sinn,
Schön ihr Auge; auf den Nacken sprühen Schönheitsflecken hin,
Silberhals und goldne Locken, Taille wie ein Fädchen dünn –
  Rosenwangig, rosablusig, und in Seiden, violetten!

Spreche von des Feengesichtes mordend Aug und Plag ich nicht,
Und von meinen Liebesschmerzen, meinen Seufzern klag ich nicht,
Und besing ich ihre Reize – ihren Namen sag ich nicht!
  Rosenwangig, rosablusig, und in Seiden, violetten!

Ahmed Nedim, gest. 1730
Aus dem Türkischen von Annemarie Schimmel, 1952

～ 73 ～

Erwachsen werden

O meine Palme, es lieben mich zwei!
Beide sind wie Blumen im Frühling
Beide sind süßer als Zucker

Mein kleines Herz schwankte zwischen beiden hin und her:
Welchen von beiden liebe ich mehr?
Welcher von beiden, meine Palme, ist schöner?
Sag's meinem Herzen, es weiß es nicht selbst.

Beim ersten Tanz
Zwischen Schatten und dem Murmeln der Musik
Flüsterte der erste mir zu – und sagte, was er sagte.

Da schlug mit seinen beiden Flügeln mein bedrücktes Herz
Bedrückt vom Wahn, von Träumen und von Illusionen
Ich wusste nichts zu sagen noch zu tun

Beim nächsten Tanz
Umstellte mich der zweite
Zwei Arme umschlangen meine Hüften
Zwei Flüsse von Sehnsucht –
Und sagte, was er sagte.

Da schlug mit seinen beiden Flügeln mein bedrücktes Herz
Bedrückt vom Wahn, von Träumen und von Illusionen
Ich wusste nichts zu sagen noch zu tun

O welche Verwirrung! Es lieben mich zwei!
Beide sind wie die Blumen im Frühling
Beide sind süßer als Zucker
Welchen von beiden liebe ich mehr?
Welcher von beiden, meine Palme, ist schöner?
Sag's meinem Herzen, es weiß es nicht selbst.

Fadwa Tukan, gest. 2003
Aus dem Arabischen von Claudia Ott, 1995

～ 74 ～

Baumeisterpoesie

Der hübsche Steinmetz
Ach, deinen schmerzhaft schönen Blick, oh Steinmetz,
fühlt jeder Liebende als schlimme Geißel!
Und schlimmer wütet er in seinem Herzen
als je auf einem Stein dein Steinmetzmeißel!

Baumeisters Liebesnacht

Welche Nacht, die da vergangen ist! So eine Nacht kehrt
nicht zurück so schnell!
Aufrecht stand die Säule meines Penis, und sie saß oben
drauf als Kapitell.

Ibrahim «der Baumeister», gest. 1348
Aus dem Arabischen von Thomas Bauer, 2002

～ 75 ～

Die Verehrung für Marx

Wenn ich vor einem hell erleuchteten Schaufenster stehe,
in dem die Damenunterwäsche blüht,
muss ich immer an Marx denken.

Die Verehrung für Marx ist das einzige,
was die Männer gemeinsam hatten,
die mich liebten und denen ich,
mal mehr, mal weniger,
erlaubte, einige dieser wilden Blumen
von meinem Körper zu pflücken.

Marx, Marx,
ich werde dir nie verzeihen!

Iman Mirsal, geb. 1966
Aus dem Arabischen von Stefan Weidner, 2000

~ **76** ~

Die Liebe vor der Besatzung
war manchmal orientalisch gekleidet,
dann wieder trug sie elegante westliche Mode.
Blind war sie, und hatte keine Augen
außer für das Bett, das da am Ende eines schmalen Weges stand,
Und einen eiskalten Terminkalender,
auf dessen Blättern, wenn sie umgewendet werden,
Nur unechte Termine stehen.

In dieser Liebe schlief der Westen
Und ängstigte sich vor dem Osten,
vor einem Orient, der Ewigkeit verlangte,
Ewiges Verweilen in der abendländischen Vernunft,
Die die Liebe nur als Laune kennt
Und die doch nie vergeht.

Die Liebe nach der Besatzung
Vergeblich hat der Orient versucht,
das Gleichgewicht der Liebe zu verschieben,
den Geist in Illusionen einzuschmelzen.

Vergeblich hat der Okzident versucht,
Patente auf die Liebe anzumelden.
Der Orient hat nämlich schnell das Patentamt seines Herzens
    zugemacht
und dem Westen sein Recht auf ewige Gültigkeit entzogen.

Amal al-Jubouri, geb. 1967
Aus dem Arabischen von Claudia Ott, 2008

~ 77 ~

Früher
hatten wir hinter dem Zaun einen Zitronenbaum.
Seine gelben Früchte leuchteten wie Laternen,
und seine Blüte fächerte frischen Duft in unser ganzes Viertel.

Früher
hatten wir hinter dem Zaun einen Zitronenbaum.
Doch dafür, dass die,
die ich tadle um der Liebe willen,
sich schmücken
und dass ihr Haar Duft und Kranz tragen konnte,
fällte man unseren Zitronenbaum.

Da hat uns der Frühling vergessen.

Mahmud Darwisch, geb. 1941
Aus dem Arabischen von Claudia Ott, 1995

~ 78 ~

Die Limone
Wie schön erscheint die Limone,
    die einen grünen Schleier aus Blättern wählt.

Sie gleicht einem bleichen Liebenden,
    der an den Fingern die Tage der Trennung zählt.

Schnee auf Orangen
Schnee auf Bäumen, orangenbehängt –
   Freude bringend wo Kummer war.

Rosenwangen und Myrthenlocken –
   doch als Jasmin blitzt schon weißes Haar.

Safadi, gest. 1363
Aus dem Arabischen von Thomas Bauer, 2005

‿ 79 ‿

Weiße Lust

An ihren Augenbrauen
sah sie an jenem Morgen
zwei weiße Haare.
Sie beschloss,
ihren Morgen zu färben
mit einer noch weißeren Lust.

Nabila as-Subeir, geb. 1964
Aus dem Arabischen von Mustafa Al-Slaiman, 2007

‿ 80 ‿

Mit kleinen Sprüngen, schnellem Schritt, entweiht sie, schon alt,
ihre Jugend, die Begierde steigt in ihr hoch, sie verbrennt die
siebzig Schleier, sie atmet die Blume des Alters ein, sie erklimmt
die drei Grade, sie verschwindet in den Himmeln, sie steigt herab,
ich schließe mich mit ihr ein, ihr Körper ist eine Lampe, die
vierzig Nächte erhellt.

Abdelwahab Meddeb, geb. 1946
Aus dem Französischen von Hans Thill, 2004

~ 81 ~

Ihr habt eine Frage über Frauen? Fragt mich! Ich bin
Ein kundiger Arzt für Frauenkummer und -leiden.

Sobald einem Mann wird weiß das Haar oder knapp das Geld,
Dann werden sie ihn mit ihrer Freundlichkeit meiden!

Die Blüte der Jugendzeit erregt sie und macht sie froh,
Und wo sie den Reichtum wissen, gehen sie weiden.

Alkama, um 550
Aus dem Arabischen von Claudia Ott, 2004/2007

~ 82 ~

Ihr Traumbild lob ich mir, doch tadle ich sie selbst,
    denn zwischen beiden ist ein großer Unterschied:
sie will nichts von mir wissen, wenn mein Haar ergraut,
    indes das Traumbild auch im Alter mich besucht.
Wie lange sie mich auch zurückweist und sich fernhält,
    kommt doch das Traumbild treu in jeder Nacht zu mir.

Abu Dschaafar Ibn Said, gest. 1163
Aus dem Arabischen von Georg Bossong, 2005

Trennung und Abschied

~ 83 ~

«Bleibt stehen und lasst uns weinen, weil die Geliebte fort!
Im Sand zwischen Haumal und Dachûl war ihr Lagerort,

Bei Tûdih und al-Mikrât, die Spur ist noch nicht verweht,
Obschon mancher Wind darüberfegte aus Süd und Nord.

Da siehst du von weißen Antilopen den schwarzen Dung,
Wie einzelne Pfefferkörner liegen sie ausgedorrt.

Dort bei den Akazien stand ich morgens, als sie gereist,
Als kaute ich Koloquintensamen der bittren Sort'.

Bleibt stehen!» – Da hielten meine Freunde die Tiere an
Und sagten: «Nun stirb uns nicht vor Kummer am Abschiedsort!» –

«Mein Trost ist die Träne, wenn sie reichlich vergossen wird.» –
«Was jammert ein Mann bei alten Spuren denn immerfort?»

Imrulkais, gest. vor 550
Aus dem Arabischen von Claudia Ott, 2007

∽ 84 ∽

mein fuß war eingeschlafen.
ich überlegte, wer ihn wecken könnte,
und rief den namen «Lubna!» aus. so rief ich sie,
von deren liebe ich, wenn meine seele mir gehorsam wäre,
mich trennen müsste, selbst um den preis des eignen lebens.

zur jagd spitzte Lubna ihre pfeile und setzte federn an,
ich tat federn an die meinen und spitzte,

dann schoss sie → und traf mich mit dem pfeil,
während ich mit meinem pfeil sie verfehlte und sie nicht
    einmal ritzte!

es war ein fehler, dass ich mich von Lubna trennte.
die sterne waren schon zum greifen nah, da stürzte ich herab.
ach, wenn ich doch gestorben wäre vor der trennung!
doch bringt das wörtchen «wenn» jemals
verflossene gelegenheiten wieder?

Kais Ibn Dharih, gest. um 687
Aus dem Arabischen von Claudia Ott, 2007

～ 85 ～

Perlen aus Narzissen

Ins Handgelenk hat sie mir mit ihrer zierlichen Hand
Ein unvergessliches, unerträgliches Mal gebrannt:

Wie eine Ameisenstraße drückte die Finger sie ein,
Als streuten Wolken Hagelkörner auf blühendes Land.

Aus ihren Augen schoss sie den Pfeil ihres Blicks in mein Herz,
Nachdem sie ihre Augenbrauen als Bogen gespannt.

Dann spreizte sie ihre Finger wie ein Jagdnetz, worin
Sich mitten in meinem Körper das wunde Herz nun wand.

Sie ist so schön, dass die Sonne selbst, hätte sie sie gesehn,
Statt aufzugehen, sich hätte verlegen abgewandt.

Ich bat sie um Liebe. Sie sagte: «Setz nicht dein Leben aufs Spiel!
Wer Liebe von uns verlangt, der stirbt im Trauergewand.

Wie viele sind schon gestorben aus Liebeskummer um mich,
Obgleich sie alle erdenklichen Listen angewandt!»

Ich sprach: «Der Herrgott verzeihe mir meinen Fehler, jedoch:
Verliert nicht jeder Verliebte Herz, Geduld und Verstand?»

Dann lag ich entkräftet am Boden. Sie ging, und sagte dazu:
«Seht, wie die schwache Gazelle den starken Löwen entmannt!»

Nachts kam ein Traumbild zu ihr, das hatte zuvor mich besucht.
Sie sagte: «Beschreibe ihn mir, dir ist sein Zustand bekannt!»

Das Traumbild sprach: «Wäre er am Verdursten, weil du ihm
    zu trinken
Verbötest – er tränke kein Tröpfchen Wasser! So ist sein Stand.»

«Ja», sagte sie, «du hast recht. So ist er: treu bis zum Tod.»
Ach, welche Kühlung sind ihre Worte dem Herzensbrand!

Nun nahm sie alles zurück und fragte die Leute nach mir.
Man sagte ihr: «Er ist tot.» Sie schlug sich vor Schmerz in die Hand,

Ließ Perlen aus Narzissen regnen, begoss damit Rosen,
Zerbiss mit Hagelkörnern einen Brustbeerenrand,

Und sprach zu sich selbst mit der stummen Zunge ihrer Gefühle
– Wobei ihr Hass und falscher Sinn aus dem Herzen schwand –:

«Nie trauerte eine Schwester um ihren Bruder wie ich
Um ihn, noch eine Mutter, die ihr Kind leblos fand.

Selbst um den Tod wird man mich beneiden, ach dass
Man nicht einmal den Tod mir Armen zugestand!»

Yasid Ibn Muawiya, gest. 683
Aus dem Arabischen von Claudia Ott, 2007

~ 86 ~

Wir waren uns so nah und sind uns fern geworden,
    die innige Vertrautheit wurde zur Entfremdung.
Der Trennung Morgen naht, es dämmert uns empor
    ein Bote, der uns Frührot bringt und Untergang.
Man legte uns ein Kleid von Trennungsleiden an:
    die Zeit verzehrt es nicht, indes verzehrt es uns.
Vertraute Nähe schenkte uns das Schicksal, ewig
    schien uns das Lachen, doch es kehrte sich in Weinen.
Die Feinde zürnten, dass wir uns mit Liebe tränkten.
    «Das Schicksal soll mit Leid sie würgen!» Und so tat es!
Das Bündnis unsrer Seelen wurde aufgelöst,
    zerschnitten ist das Band, das unsre Hände einte.
Einst mussten niemals Trennung wir befürchten,
    nun dürfen wir auf Einung nie mehr hoffen.

Besuche, Blitz, das Schloss im Morgenrot und tränke
    mit Liebe sie, die mich mit reiner Liebe tränkte,
und frag sie, ob Erinnerung an mich sie quält –
    Erinnerung an sie quält mich bei Tag und Nacht!
Du sanfter Hauch des Ostwinds, geh und grüße sie!
    Wenn sie mich grüßt von fern, erfüllt sie mich mit Leben.
Doch wer hat je gesehn, dass mir das Schicksal beisteht?
    Ich habe es so oft um Beistand angefleht!

Du ewges Paradies, ich tauschte deinen Lotus
    und deine süßen Quellen gegen Qual und Unrat.
Als wär uns Einung nachts Komplize nie gewesen,
    als hätte nie das Glück des Neiders Blick verwirrt!
Wenn je in dieser Welt wir zueinander fanden,
    dann bin ich dein am Jüngsten Tag und du bist mein.
Das Dunkel deckte unser beider Heimlichkeit,
    bis schließlich uns des Morgens Zunge offenbarte.

Bewahre unsren Bund, wie ich ihn treu bewahrte –
    Gleiches mit Gleichem zu vergelten ziemt dem Freien!
Ich suche keine Freundin, die mich dir entfremdet,
    keine Geliebte lenkt mich jemals ab von dir.
Mag auch aus Himmelshöhn ein Mond sich zu mir neigen,
    er weckt mir kein Begehren und verführt mich nicht.
Ich weine, treu, auch wenn Begegnung du mir weigerst,
    Dein Traumbild tröstet mich, Erinnrung muss genügen.
Ach, könntest einer Antwort Gunst du mir erweisen,
    die Wohltat deiner Hände, die du einst mir schenktest!
Hier ist mein Gruß an dich. Die Liebe zu dir bleibt,
    ich kann sie nicht verbergen, sie ist offenbar.

Ibn Seidun, gest. 1070
Aus dem Arabischen von Georg Bossong, 2005

～ 87 ～

Ich bin, bei Gott, des höchsten Ranges wert.
   Ich gehe meinen Gang erhobnen Hauptes,
und wer mich liebt, dem biete ich die Wange:
   dem schenk ich meinen Kuss, der mich begehrt.

Ach, wenn du Achtung zeigtest unsrer Liebe,
   nie hättest meine Sklavin du erwählt!
Den Zweig voll Schönheitsfrucht hast du verlassen
   und wandtest unfruchtbarem Ast dich zu.
Du weißt, ich bin der volle Mond am Himmel!
   Wie kannst du in Planeten dich verlieben?

So soll kein Weg zurück aus dieser Trennung führen?
   So soll uns beiden Liebenden nur Klage bleiben?
In langen Winternächten trafen wir einander,
   ich wohnte auf der Glut des flammenden Begehrens.
Wie kommt es, dass ich jetzt in Bruch und Scheidung lebe?
   So rasch hat, was ich scheute, mir das Los gebracht!
Die Nächte ziehn vorbei, die Trennung bleibt – mir fehlt
   die Kraft, mich aus der Sehnsucht Knechtschaft zu befreien.
Wo immer du auch weilst, dort möge Gott die Erde
   mit üppig reicher Regenflut in Strömen tränken!

Wallada, gest. 1091
Aus dem Arabischen von Georg Bossong, 2005

～ 88 ～

Gold auf Lapislazuli

Lang ist mir die Nacht geworden,
seit du mich verlassen hast.
Ach Gazelle, du zerstörst
unsre Liebe, brichst den Bund!
Hast du unsren Bund vergessen,
als auf Rosenbett wir lagen,
uns in *eine* Schärpe hüllten,
eine Perlenkette formten,
wie zwei Zweige uns umfingen
und zu *einem* Leib verschmolzen?
Sterne strahlten nachts am Himmel,
Gold auf Lapislazuli.

Abdarrahman V. von Córdoba, gest. 1024
Aus dem Arabischen von Georg Bossong, 2005

～ 89 ～

Im Reisetrupp der Frauen, der aus Wedschra's Tale zieht,
ist ein erwachsnes Reh, das klar aus dunkeln Augen siht.

Nicht der ist ein Verbannter, der aus seinem Lande schied;
Verbannter ist, wer bleibt und die Geliebte scheiden siht.

Anonym, um 750 (?)
Aus dem Arabischen von Friedrich Rückert, 1846

～ 90 ～

Nichts Unglückseligers als ein Verliebter,
mocht' er auch süßen Schmack der Lieb' erlangen;
Denn weinen sihst du ihn zu allen Zeiten
aus Furcht entweder oder aus Verlangen:
Ihn macht, den Lieben fern, die Sehnsucht weinen,
und weinen, ihnen nah, des Abschieds Bangen:
So ist ihm heiß das Auge bei der Trennung,
und heiß ist ihm das Auge beim Umfangen.

Anonym, vor 840
Aus dem Arabischen von Friedrich Rückert, 1846

～ 91 ～

Und als sie zum Abschied zu mir kamen, sie und ihr Herz,
Die beide ich gern zum Freund der Leidenschaft hätte,

Da weinte sie feuchte Perlen; mir flossen wie Karneole
Die Tränen, und beides ward am Hals ihr zur Kette.

Verschiedenen Dichtern zugeschrieben, aus «Tausendundeine Nacht»,
8.–15. Jahrhundert
Aus dem Arabischen von Claudia Ott, 2004

～ 92 ～

Keine Vertrautheit gibt es für mich, wenn du fort bist.
Nur die Gedanken an dich bleiben allezeit da.

Du bleibst mir näher als alle, die um mich herum sind.
Wenn du auch fern bist, die Trauer um dich ist mir nah.

Abu Tammam, gest. 845
Aus dem Arabischen von Thomas Bauer, 2002

～ 93 ～

Wund sei der Kamele Huf, weil sie zur Trennung dienen,
und nie fehl' ein hinkendes und lahmes unter ihnen!

Gleich als hätt' ich Gift getrunken, war es mir am Tage,
da ihr Zug in Gang sich setzte von des Treibers Schlage.

Dschamil, gest. um 700
Aus dem Arabischen von Friedrich Rückert, 1846

～ 94 ～

Der Kameltreiber

Der Kameltreiber hat mein Herz verwundet,
Als er aufbrach, um zu gehn.
Ich sprach: Gedulde dich ein Weilchen!
Er sprach: Um die Geduld ist es geschehn!

Ich sprach: Treiber, wohin ziehst du?
Er sprach: Zur Wüste, nach Süden hin
Ich sprach: Was hast du geladen?
Er sprach: Weihrauch und gutes Parfüm.

Ich sprach: Sag mir deine Krankheit!
Er sprach: Liebe und Verlangen.
Ich sprach: Warst bei einem Arzt schon?
Er sprach: Zu neunzig Ärzten bin ich gegangen.

Der Kameltreiber hat mein Herz verwundet,
Als er aufbrach, um zu gehn.
Ich sprach: Gedulde dich ein Weilchen!
Er sprach: Um die Geduld ist es geschehn!

Ich sprach: Treiber, nimm mich mit dir!
Er sprach: Nein, die Last ist zu viel.
Ich sprach: Aber wenn ich laufe?
Er sprach: Mein Weg ist zu lang bis zum Ziel.

Ich sprach: Treiber, tausend Jahre
Lauf ich deinen Augen nach.
Er sprach: Meine Taube! Bitter
Ist das Leben im Exil.

Der Kameltreiber hat mein Herz verwundet,
Als er von mir weggegangen.
Und was er zurückließ, fließt
Als Tränen über meine Wangen.

Taufik Sayyad, gest. 1994
Aus dem Arabischen von Claudia Ott, 1995

Liebestod und Auferstehung

～ 95 ～

Ich werde mich drinnen niederlegen
und so tun, als wäre ich krank.
Dann treten meine Nachbarn ein, nachzusehen.
Dann kommt meine Geliebte mit ihnen.

Sie wird die Ärzte überflüssig machen,
denn sie kennt meine Krankheit.

Papyrus Harris 500, um 1200 v. Chr.
Aus dem Altägyptischen von Siegfried Schott, 1950

∼ 96 ∼

Deine Liebe nahm mich weg von mir
Brennend bin ich immerzu du fehlst mir du
Dasein freut mich nicht Hinsein reut mich nicht
Deine Liebe mildert mich du fehlst mir du
Deine Liebe ist eine die tötet Liebende lockt sie in ihr Meer
Dein Erscheinen füllt sie auf du fehlst mir du
Falls sie mich einst töten meine Asche dem Himmel geben
Wird mein Grabhügel rufen du fehlst mir du
Yunus Emre bin ich täglich brenn ich ungelöscht
Mein Wunsch auf beiden Welten du fehlst mir du

Die Lieb' zu Dir nahm mich von mir –
   Ich brauche Dich, nur Dich allein!
Ich brenne Tag wie Nächte hier –
   Ich brauche Dich, nur Dich allein!

Das Dasein kann mich nicht erfreu'n,
Das Nichtsein kann ich nicht bereu'n,
Nur Deine Lieb' kann Trost mir sein.
   Ich brauche Dich, nur Dich allein!

Dein Lieben tötet jedermann,
Taucht ihn in Deinen Ozean,
Es füllt ihn mit Erleuchtung an –
   Ich brauche Dich, nur Dich allein!

Vom Liebeswein will trinken ich,
Verwirrt in Berge stürzen mich,
Und Tag und Nacht denk' ich an Dich –
   Ich brauche Dich, nur Dich allein!

Und wollt' man mich dem Tode weih'n,
Die Asche in den Himmel streu'n,
So würde dort mein Staub noch schrei'n:
    Ich brauche Dich, nur Dich allein …

Ich werde Yunus wohl genannt,
Und täglich wächst mein Liebesbrand –
Ein einz'ges Ziel ist mir bekannt:
    Ich brauche Dich, nur Dich allein!

Yunus Emre, gest. 1321
Aus dem Türkischen von Zafer Şenocak, 1986,
und Annemarie Schimmel, 1982

～ 97 ～

Ich und die Kerze, die Nachtigall und der Falter –
    wir alle sind gleich:
gingen zusammen zum Friedhof und sind dort zusammen
    zur Nacht ganz verbrannt.
Ja, wir verbrannten, und unser Verbrennen im Dunkel
    war keinem bekannt –
gleich einem Feuerwerk, nutzlos im Scheine des Vollmonds,
    so sind wir verbrannt!

Sibunnisa Machfi, gest. 1702
Aus dem Persischen von Annemarie Schimmel, ca. 2000

～ 98 ～

Der Asra

Täglich ging die wunderschöne
Sultanstochter auf und nieder
Um die Abendzeit am Springbrunn,
Wo die weißen Wasser plätschern.

Täglich stand der junge Sklave
Um die Abendzeit am Springbrunn,
Wo die weißen Wasser plätschern;
Täglich ward er bleich und bleicher.

Eines Abends trat die Fürstin
Auf ihn zu mit raschen Worten:
Deinen Namen will ich wissen,
Deine Heimat, deine Sippschaft!

Und der Sklave sprach: Ich heiße
Mohamet, ich bin aus Yemmen,
Und mein Stamm sind jene Asra,
Welche sterben, wenn sie lieben.

Heinrich Heine, gest. 1856
Aus «Romanzero», 1851

～ **99** ～

Setze mich wie ein Siegel
dir auf das Herz,
wie einen Siegelreif dir um den Arm,
denn gewaltsam wie der Tod ist die Liebe.

Hohelied, ca. 500 v. Chr.
Aus dem Hebräischen von Martin Buber, 1925

～ **100** ～

Wenn du am Himmelszelt wiederum meine Stimme vernimmst,
Denke daran: dann ist Auferstehung,
Und ich stehe mitten darin und suche nur dich.

Cahit Sıtkı Tarancı, gest. 1956
Aus dem Türkischen von Annemarie Schimmel, 1995

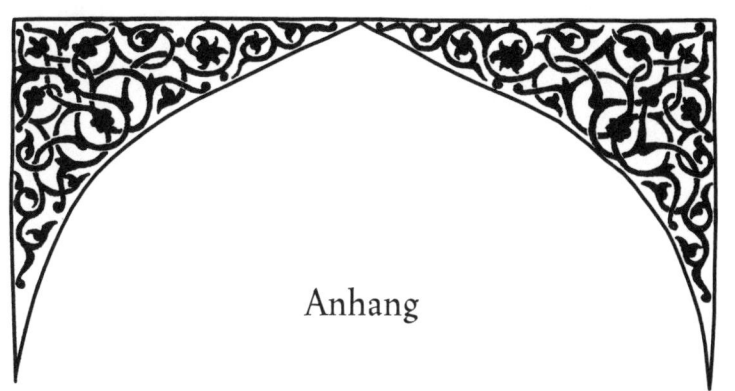

Anhang

Erläuterungen

1   Fais Yaakub al-Hamdani (Fā'iz Yaʿqūb al-Ḥamdānī, geb. 1968)
stammt aus Bagdad. Als Zahnmediziner reiht sich al-Hamdani ein
in eine jahrhundertealte Tradition dichtender Ärzte, der viele der
berühmtesten arabischen Dichter und Mediziner angehören. ✑
Mit der Überschrift «Sumerisches Gebet» verweist der Dichter auf
die altorientalische Kultur der Sumerer, der Träger der mesopota-
mischen Hochkultur im 4. und 3. Jahrtausend v. Chr. Das damalige
sumerische Reich lag im Gebiet des heutigen Irak.

2   Gilgamesch und Enkidu sind Helden des Gilgamesch-Epos, das
zwischen dem 26. und 6. Jahrhundert v. Chr. in verschiedenen Keil-
schriftsprachen im Zweistromland kursierte. Gilgamesch war König
der sumerischen Stadt Uruk. Seine Historizität ist umstritten. Laut
dem Gilgamesch-Epos war er zu zwei Dritteln Gott und zu einem
Drittel Mensch. ✑ Die «Enkidu» überschriebene Passage aus dem
Gilgamesch-Epos erzählt, wie der Ur-Mensch Enkidu mit Hilfe der
Dirne Schamchat gefangen und gezähmt wird. Zuvor war Enkidu
in einer von der Kultur ganz unberührten Wildnis als Widerpart für
König Gilgamesch erschaffen worden. Zwischen den beiden Män-
nern entwickelt sich eine tiefe Freundschaft und homoerotische
Beziehung. Im Abschnitt «Gilgamesch» wirbt Ischtar, die Göttin der
Liebe, um König Gilgamesch. Dieser wird ihren Antrag allerdings
schroff zurückweisen. ✑ Elektron ist eine natürliche Legierung aus
Silber und Gold, die als Werkstoff in der Antike sehr beliebt war.

3 Die «Sprüche der großen Herzensfreude», die auf der Rückseite des Papyrus Chester Beatty I in Luxor gefunden wurden, bilden eine Sammlung von sieben altägyptischen Liebesliedern, von denen hier das erste wiedergegeben wird.

4 Diese Texte wurden von Arbeitern an den Königsgräbern der 19. und 20. Dynastie (ab ca. 1300 v. Chr.) geschrieben; sie fanden sich 1897 auf einer als Beschreibstoff verwendeten Tonscherbe (Ostrakon) in Deir el-Medine, der Arbeitersiedlung im Tal der Könige des antiken Theben bei Luxor in Ägypten. ☛ Punt ist das Weihrauchland des Altertums. Es bezeichnet die bereits im Alten Ägypten von sogenannten Puntfahrern besuchten Küstenländer Arabiens und Ostafrikas.

5 Das «Schönste aller Lieder», auch «Lied der Lieder», «Hohelied der Liebe» oder «Hohelied Salomos» ist eine kleine Sammlung hebräischer Liebeslyrik. Weil im Text der Name Salomo genannt wird, wurde es dem König Salomo als Autor zugeschrieben und im biblischen Kanon unter die Salomonischen Weisheitsschriften eingeordnet, obwohl es erst zwischen 500 und 300 v. Chr. entstanden ist. Einflüsse aus der altägyptischen und der sumerischen bzw. assyrischen Literatur machen das Hohelied zu einem der zentralen Texte der frühen orientalischen Liebeslyrik.

6 Chalid Ibn Yasid (Ḫālid Ibn Yazīd al-Kātib at-Tamīmī, gest. um 880) lebte als Dichter und Sekretär am Abbasidenhof in Bagdad und hatte Zugang zu den engsten Zirkeln des Kalifen. Seine Dichtung wurde und wird wegen der meisterhaften Gestaltung der Liebesleid-Motivik geschätzt. Gegen Ende seines Lebens verlor der Dichter Verstand und Gedächtnis und begann, halb nackt durch die Gassen Bagdads zu streunen, wobei er den Leuten verzweifelt zurief: «Ihr könnt meine Gedichte auswendig, und ich habe sie alle vergessen!»

7 *Tausendundeine Nacht* ist ein Sammelbecken nicht nur für spannende Geschichten, sondern auch für Gedichte, die oft im Mittelpunkt der Geschichten stehen. Die Gedichte werden als Lieder,

Reden oder Briefe den handelnden Figuren in den Mund gelegt oder von Schahrasad selbst vorgetragen. Ihre Verfasser werden in der Regel nicht genannt. Manche dieser Gedichte sind als Zitate berühmter Dichter nachweisbar, andere bleiben anonym oder sind nur noch in *Tausendundeiner Nacht* überliefert. In dem vorliegenden Fall und bei den übrigen als *Tausendundeine Nacht* zitierten Gedichten haben wir es mit einem anonym zitierten Gedicht zu tun. ᦉ Die Gedichte und Geschichten von *Tausendundeiner Nacht* sind zum großen Teil erheblich älter als die Handschriften, in denen uns dieses Werk erhalten ist. Die frühesten in substantiellem Umfang erhaltenen Handschriften stammen aus dem 15. Jahrhundert. Die ältesten Vorläufer der Rahmengeschichte von Schahrasad und Schahriyar sind jedoch fast zweitausend Jahre alt und stammen aus der alten indischen Sanskrit-Literatur. Ihre Erzählmotive wanderten nach Persien, wo sie in der Sassanidenzeit (2.–6. Jahrhundert n. Chr.) eine schriftliche Form erhielten. Die mittelpersische Fassung wurde um 800 n. Chr., wahrscheinlich in Bagdad, ins Arabische übersetzt und begann sich danach mit arabischen Geschichten und Gedichten zu füllen. Bis ins 15. Jahrhundert dauerte die Phase der Sammlung und Vervollständigung. Jedoch gab es bereits im 10. Jahrhundert vollständige arabische Fassungen mit tausend Nächten.

8 Vgl. den Kommentar zu *Wer ist das?* (Nr. 7).

9 Hafis (Muḥammad Šamsaddīn Ḥāfiẓ, um 1320–1389) wurde im persischen Schiras geboren und war, obwohl in ärmlichen Verhältnissen aufgewachsen, schon als Jugendlicher hochgebildet. Er wurde Hofdichter dreier Fürsten und erlebte den Einfall des Mongolen Timur Leng, dem er auch persönlich begegnete. Goethe las Hafis in der Übersetzung von Joseph von Hammer-Purgstall und widmete seinen *Westöstlichen Divan* dem großen persischen Dichter. ᦉ In dem zitierten Gedicht steht «Türke» für den schönen, aber herzlosen Geliebten. Das «Inder-Mal» wird als Inbegriff der Schönheit verherrlicht. Ruknabad und Musalla sind berühmte Ausflugsziele bei Schiras. Joseph und Suleika sind im Koran Inbegriff von Schönheit und Verführung: In Josephs Schönheit verliebt, versuchte

Suleika, die Frau Potiphars, diesen zu verführen. Karneol ist die Metapher für rote Lippen, Zuckerkand für weiße Zähne. Zum letzten Vers sei hier noch die Erklärung des Übersetzers wiedergegeben: «Da Hafis' poetisches Perlengebinde das Band der Plejaden überstrahlt, sieht sich der Himmel genötigt, dieses aufzulösen und auf jenes zu streuen, damit es in Zukunft seinen Glanz von den Perlen des Hafis beziehe.» (Bürgel, Hafis. Gedichte aus dem Diwan, S. 108) ☙ Die ersten Verse dieses Gedichts haben sich als geflügelte Worte in Persien und der persischen Kultur bis heute erhalten.

10   Dieses Gedicht ist ein Beispiel für das Lob der geradezu sprichwörtlichen Schönheit der Türken in der orientalischen Dichtung. ☙ Yusuf, der biblische Joseph, gilt nach dem Koran als Inbegriff der Schönheit. Bilkis, die Königin von Saba, verführte mit ihrer Schönheit König Salomo. Auch dies wird im Koran geschildert und in der islamischen Literatur oft ausgemalt. ☙ Der aus dem persischen Nischapur stammende Dichter Abul-Barakat al-Alawi (Abū l-Barakāt Ibn al-Ḥusayn al-ʿAlawī) ist bis auf einige Gedichte in der Sammlung *Yatīmat ad-dahr* (vollendet um das Jahr 1000 durch den aus derselben Stadt stammenden und ebenfalls dort wirkenden ʿAbd al-Malik aṯ-Ṯaʿālibī) wenig bekannt.

11   Choschhal Chan Chattak (Ḥušḥāl Ḫān Ḥattak, 1613–1689) gilt als Nationaldichter der Paschtunen. Er war Stammesfürst (Khan bzw. Chan) und kämpfte für die Einigung der afghanischen Stämme gegen die Vorherrschaft der indischen Moguldynastie. ☙ Das Sprach- und Stammesgebiet der Paschtunen ist seit der Gründung Pakistans zwischen Afghanistan und Pakistan geteilt; die alte Stadt Peschawar (heute in Pakistan) ist ein wichtiges Zentrum paschtunischer Kultur.

12   Vgl. den Kommentar zu *Wer ist das?* (Nr. 7).

13   Vgl. den Kommentar zu *Wer ist das?* (Nr. 7).

14 Nahapet Khutschak ist der Name eines Dichters, der mit der Kunst der Hairene, mittelalterlicher armenischer Liebesgedichte, engstens verknüpft ist. Er soll im 16. Jahrhundert im Dorf Charakonis bei Van gelebt haben. Er starb 1592. ☞ Die Hairene (Singular Hairen) bilden einen Zyklus kurzer volkstümlicher Lieder aus vier Versen mit je 15 Silben. Sie sind in ihrer Gesamtheit Nahapet Khutschak zugeschrieben worden. Nach Ansicht der neueren Forschung sind sie jedoch bereits im 13./14. Jahrhundert von Barden, Sängern und Tänzern zu bestimmten Gelegenheiten wie Hochzeitsfesten oder Banketten gedichtet worden. ☞ Die Hairene sind Ausdruck einer Liebe, die nur die Gebote des Herzens befolgt und sich keiner anderen Moral unterstellt. Insofern sind sie sehr modern. Den Übersetzern zufolge erklingt in ihnen der «Grundtenor der Renaissance».

15 Omid (1928–1990), mit bürgerlichem Namen Mehdi Achawân Ssâless, gehört zu den Vertretern des persischen «sozialen Symbolismus». Bewusste Rückwendung zu klassischen Vorbildern und eine gewisse Endzeitstimmung charakterisieren seine Dichtung, die auch spätantike Züge aufweist. ☞ 1990 trat Omid auf Einladung des Hauses der Kulturen der Welt in Berlin seine erste und einzige Auslandsreise an. Er verstarb kurz nach seiner Rückkehr in Teheran.

16 Abdallah Ibn ad-Dumaina (ʿAbdallāh Ibn ʿUbaydallāh Ibn ʿAmr al-Ḫaṯʿamī) lebte zur Zeit der Umayyaden und frühen Abbasiden im südlichen Hidschas, das auf dem Gebiet des heutigen Saudi-Arabien liegt. Seine genauen Lebensdaten sind nicht bekannt. Seine Liebespoesie wurde sehr geschätzt und gehörte zum Repertoire der Musiker am Kalifenhof zu Bagdad. ☞ Der letzte Vers dieses Gedichts beschreibt den «Kloß im Hals», den die beiden Verliebten im Anschluss an ihre flüchtige Begegnung verspüren: «Und als wir weiterritten, stieg unsre Seele auf / Bis dass des Halses Enge den Ausweg ihr bestritt.» Dieser Vers fehlt in den meisten Textquellen und auch bei Rückert; er ist nur im *Diwan* des Dichters erhalten.

17 Das Gedicht entstammt einer Liedersammlung, die der Englischlehrer Dschardschura Ruskallah (Žaržūra Ruzkalla) aus Maalula, Syrien, in den 1980er Jahren im Stile der dortigen Volkslieder verfasste. Seine Lieder mischen traditionelle poetische Elemente mit Themen des alltäglichen Lebens der Gegenwart. ☞ Das heute noch in einigen Dörfern Syriens gesprochene Neuwestaramäische gilt als Abkömmling der Sprache Jesu.

18 Nisar Kabbani (Nizār Qabbānī, 1923–1998) gilt als einer der einflussreichsten arabischen Dichter der Moderne. Er war zunächst als Kulturattaché in verschiedenen syrischen Botschaften tätig, später ließ er sich als Verleger und Publizist in Beirut, Genf und schließlich in London nieder. Kabbani ist insbesondere durch seine Liebesgedichte bekannt geworden, in denen er auch vor erotischen Freizügigkeiten nicht zurückschreckte und mit denen er daher in konservativen Kreisen Anstoß erregte. ☞ Nisar Kabbanis Liebesgedichte wurden häufig vertont; das hier zitierte, in dem der Dichter die Perspektive einer Frau einnimmt, sang u. a. die libanesische Sängerin Madschida al-Rumi.

19 Al-Hussein Ibn Mutair al-Asadi (Al-Ḥusayn Ibn Muṭayr al-Asadī) lebte im 8. Jahrhundert zwischen Kufa und Mekka und verfasste Lobgedichte auf Kalifen und ihre Statthalter.

20 Mahmud Darwisch (Maḥmūd Darwīš), geb. 1941 in einem Dorf nahe Haifa in Galiläa, nach Flucht und Exil heute wohnhaft in Amman und Ramallah, gilt als bedeutendster palästinensischer Dichter der Gegenwart und gleichzeitig als Klassiker der modernen arabischen Poesie. Darüber hinaus war er als Politiker tätig: Von 1987 bis 1993 war er Mitglied des palästinensischen Nationalrats und 1988 Mitverfasser der Proklamation eines palästinensischen Staates. Für sein Engagement erhielt er zahlreiche Friedenspreise, darunter den Erich-Maria-Remarque-Friedenspreis der Stadt Osnabrück (2003).

21 Al-Abbas Ibn al-Ahnaf (Al-ʿAbbās Ibn al-Aḥnaf, gest. zwischen 804 und 809) wirkte im Umfeld des Kalifen Harun ar-Raschid in Bagdad. Er lebte in einer Gemeinschaft mit anderen jungen Männern, die das Ideal des eleganten, gebildeten Städters *(ẓarīf)* kultivierten. In diesem Lebensentwurf spielte die Liebe eine bedeutende Rolle; sie wird oft mit der feudalen höfischen Liebe der europäischen Troubadoure verglichen. ✍ Das vorliegende Gedicht wird in *Tausendundeiner Nacht* anonym zitiert, es kann jedoch im *Diwan* des Dichters al-Abbas Ibn al-Ahnaf nachgewiesen werden.

22 Der Dichter Ibn Arabi (Muḥyiddīn Ibn ʿArabī, 1165–1240) wurde in Murcia in Spanien geboren. Der hochgebildete, in allen Wissenschaften erfahrene Mystiker verließ den islamischen Westen, um die Pilgerfahrt zu vollziehen, und ließ sich nach vielen weiteren Reisen schließlich in Damaskus nieder. Sein Grab in Damaskus wurde zur Pilgerstätte für Sufis aus aller Welt. Ibn Arabi gilt als einer der bedeutendsten Denker des Islams; sein Werk beeinflusste die Entwicklung der islamischen Mystik fundamental. Bis heute wird Ibn Arabi als «der Größte Meister» verehrt. ✍ In diesem Gedicht überlagern sich mehrere Bildschichten. Zunächst ist da die Geliebte, deren weißes Gesicht sich unter schwarzem Haar verbirgt. Die zweite Ebene führt zum Bild der Perle, die sich in der Tiefe des Meers in einer schwarzen Muschel versteckt. Schließlich kommt das Bild des Perlentauchers dazu, der nach der Perle taucht, jedoch die Muschel nicht zu öffnen vermag. In diesen Bildern wird das Liebesthema kunstvoll mit dem Geheimnis der mystischen Erkenntnis verknüpft: die Essenz Gottes (= die Perle) kann durch das Denken (= den Perlentaucher) nicht erreicht werden. Das Denken ist vor allem den Theologen und Philosophen zugeordnet und bietet für deren Zwecke ein brauchbares Werkzeug. Der Mystiker aber muss die Grenze des Denkens überschreiten. ✍ Die Verse stammen aus einem längeren Gedicht aus der Sammlung *Dolmetsch der Sehnsüchte*, die der Mystiker Ibn Arabi nach der Begegnung mit einer jungen Perserin in Mekka verfasste. Diese Liebesgedichte wurden von ihrem Autor selbst später mystisch gedeutet.

23 Dies ist eines der bekanntesten arabischen Liebesgedichte, obgleich es eigentlich von Freundschaft handelt. Es wird häufig in Internetforen zitiert; man tauscht sich dabei auch über die umstrittene Frage nach dem Autor aus. Neben dem syrischen Dichter Abu Firas al-Hamdani (Abū Firās al-Ḥamdānī, 932–968), Sohn einer griechischen Sklavin, Cousin des hamdanidischen Herrschers von Aleppo, zeitweise Gouverneur von Manbidsch (Manbiǧ) und mehrfach Gefangener der Byzantiner, werden die Verse auch den beiden Mystikern Rabia al-Adawiyya und al-Halladsch zugeschrieben. ☙ Im ursprünglichen Zusammenhang bilden die drei Verse – sowie ein vierter, der hier nicht wiedergegeben wird – den Schluss einer längeren Kasside des Dichters Abu Firas. Der Adressat der Verse ist der Hamdanide Saif ad-Daula von Aleppo, Cousin des Dichters. Der Dichter schrieb diese Verse aus byzantinischer Gefangenschaft in der Hoffnung, sein Cousin werde etwas zu seiner Befreiung unternehmen. Das Wort «Freundschaft», um das das Gedicht kreist, wird hier als «Verbindung» wiedergegeben; die Übergänge zur «Liebe» sind fließend. ☙ Gedicht und Übertragung stehen im arabischen Versmaß ṭawīl: ˘ – ˘ | ˘ – ˘ – | ˘ – ˘ | ˘ – ˘ –

24 Diese Verse, die auch als «Lied der Rohrflöte» bekannt sind, stehen am Anfang des *Mathnawi*, des großen Doppelvers-Epos von Dschalaladdin Rumi. Sie beschreiben die Sehnsucht der Rohrflöte nach dem lebendigen Schilfrohr, aus dem sie geschnitten wurde. ☙ Dschalaladdin Rumi (Ǧalāladdīn Rūmī, 1207–1273) wurde in Balch im heutigen Afghanistan geboren, ließ sich aber gemeinsam mit seiner Familie nach einer Pilgerfahrt in Anatolien nieder, woher sein Beiname Rumi («der Grieche») stammt: Zentralanatolien war damals noch weitgehend christlich bzw. griechisch-byzantinisch besiedelt. Rumi wird bis heute auch ehrfürchtig «Unser Meister» genannt, auf arabisch «Maulana», türkisch «Mevlana». Die Stadt Konya in der Türkei ist bis heute von Rumis Wirken geprägt. Sein Sohn Sultan Walad leitete später die Jüngergruppe des Mevlana-Ordens weiter. ☙ Zu Madschnun, dem legendären Paradigma des Liebenden im Orient, vgl. den Kommentar zu *Ich wandre durch das Land* (Nr. 26).

25 Dieses anonyme Gedicht wird in der berühmtesten klassisch-arabischen Anthologie zitiert. Sie trägt den Titel Hamasa (ḥamāsa, «Heldenmut») und wurde um das Jahr 840 durch den Dichter Abu Tammam (804–845) zusammengestellt. Abu Tammam war auf der Rückreise von Nischapur (Ostiran) durch eisige Wetterverhältnisse an der Weiterreise gehindert worden. Er blieb schließlich zwei Jahre in Hamadhan (Iran), um seine Anthologie zu vollenden. Sein Ziel war es, die arabische Dichtung von den Anfängen bis auf seine Zeit umfassend darzustellen, insbesondere die damals schon aussterbende, aber dennoch idealisierend verehrte Lebenswelt des altarabischen Beduinentums. Die Anthologie ist thematisch aufgebaut und wird nach ihrem ersten thematischen Kapitel «Heldenmut» genannt. ✑ Der Dichter und Orientalist Friedrich Rückert (1788–1866) übersetzte die über 900 Gedichte in einer großen zweibändigen Ausgabe kongenial ins Deutsche. ✑ Obwohl dieses Gedicht an Leila gerichtet ist, kann es nicht eindeutig dem Madschnun zugeschrieben werden, dessen Leila-Lieder weltberühmt wurden, vgl. den Kommentar zu dem folgenden Gedicht.

26 Leila und Madschnun sind das berühmteste Liebespaar des Orients. Sie werden oft als «Romeo und Julia in der Wüste» bezeichnet. Für diesen Vergleich spricht neben ihrer geradezu sprichwörtlichen Berühmtheit vor allem der Umstand, dass es in beiden Fällen die Familien waren, die eine Vereinigung der beiden Liebenden zu verhindern trachteten. Hier hören die Gemeinsamkeiten aber auch schon auf. Der Legende nach waren Kais und Leila schon als Kinder ineinander verliebt, jedoch wurde Leila einem anderen Mann versprochen, woraufhin Kais verrückt (arab. *maǧnūn*) wurde und als Besessener in die Wüste zog. Hinfort nennt man ihn Madschnun. Die Szene, in der Madschnun, abgemagert und von der Sonne verbrannt, fast nackt unter wilden Tieren in der Wüste sitzt, ist ein beliebtes Sujet persischer Miniaturen. Seinen Verstand findet Madschnun hinfort nur noch in den Momenten wieder, in denen er Liebesgedichte auf Leila anstimmt. Als Leila schließlich stirbt, nachdem die beiden Liebenden einander nur noch ein einziges Mal wiedergesehen haben, sieht man Madschnun auf ihrem Grab liegen und trauern. ๛ Das vorliegende Gedicht ist eines der berühmtesten arabischen Liebesgedichte. Es wurde oft vertont und wird auch in *Tausendundeiner Nacht* zitiert. Es wird dort in einer rührenden Liebesgeschichte Schamsaddin Muhammad in den Mund gelegt, der nach seinem Bruder Nuraddin Ali sucht.

27 Über den osmanischen Dichter Gülşenizade Hayali (gest. 1569) ist wenig bekannt, jedoch ist sein Name Hayali in Bezug auf das zitierte Gedicht bedeutungsvoll: Arabisch *ḫayāl* bedeutet «Traumbild», als arabisches Lehnwort bedeutet türkisch *hayali* «ihr Traumbild». Der türkische Dichter Hayali trägt das Traumbild also im Namen und stellt sich in jeder Gedichtstrophe auch selbst dar. Dieses Wortspiel ist unübersetzbar. ๛ Leila ist in diesem Gedicht nur noch Symbolfigur, in ihrem Namen klingt die Welt der orientalischen Liebessehnsucht an, ihre eigene Geschichte ist aber irrelevant geworden. Das Traumbild, das den Dichter nachts besucht, ist ein geläufiges Bild aus der altarabischen Dichtung: Wenn man die Liebste schon nicht kriegen konnte, tröstete man sich mit ihrer Traumgestalt. In diesem Gedicht erscheint die Traumgestalt zusätzlich zu einer fast religiösen Trostquelle verinnerlicht.

28 Adonis (Adūnīs, geb. 1930), mit bürgerlichem Namen ʿAlī Aḥmad Saʿīd, kam in Lattakia, Syrien, zur Welt, nahm später die libanesische Staatsbürgerschaft an und siedelte 1986 nach Paris über. Er zählt zu den Begründern und wichtigsten Vertretern der modernen arabischen Poesie. Sein Künstlername ist auf die vorderorientalische Mythologie zurückzuführen, um deren Wiederbelebung sich verschiedene intellektuelle Gruppen in Syrien in den 1930er und 1940er Jahren bemühten. Ihr Ziel war die Etablierung einer eigenen, von Religionen und modernen Nationen unabhängigen vorderorientalischen Identität. Adonis gilt als Kritiker des orthodoxen und traditionellen Islams; er bemüht sich um ein kreatives, mystisches Verständnis der Religion. ๛ Qais ist der eigentliche Name des legendären Liebenden Madschnun. Das Gedicht *Qais* zeigt, wie selbstverständlich die Symbolik des berühmten Liebespaars Leila und Madschnun bis heute wirksam ist.

29 Abdellatif Laâbi (ʿAbd al-Laṭīf Laʿbī, geb. 1942) wurde im marokkanischen Fes geboren, studierte Romanistik in Rabat und arbeitete dort als Französischlehrer. Er war einer der Gründer der marokkanischen Literaturzeitschrift *Souffle*. 1972 wurde er aufgrund seiner kulturellen Aktivitäten verhaftet und erst 1980 auf internationalen Druck freigelassen. Er siedelte nach Frankreich über und schreibt seitdem in französischer Sprache. ✑ In diesem Gedicht, das 1981 erstmals publiziert wurde, schwingt die ganze jahrhundertealte Tradition arabischer Liebesdichtung mit. Diese hat überwiegend unglückliche Liebe zum Thema, weshalb der Dichter sich als Häretiker, als Abtrünnigen, begreift.

30 Dieser Abschnitt aus einem Hochzeitslied des jüdisch-andalusischen Dichters Moshe Ibn Esra ist unter den orientalischen Liebesgedichten die berühmte «Ausnahme, die die Regel bestätigt»: In der Regel werden in den Liebesgedichten außereheliche Affären oder unerfüllbare Liebe thematisiert. Hier aber genießen wir die pure Freude an einem Paar vor der Hochzeitsnacht. Sicher ist diese Ausnahme auch durch die Traditionen jüdischer Hochzeitszeremonien begründet. ✑ Moshe Ibn Esra (Moshe Ibn Yaʿaqov Ibn ʿEzra, 1055–1135) wuchs als Sohn einer aristokratischen jüdischen Familie in Granada auf, wo er als junger Dichter am Hof der Ziriden wirkte. Nach dem Einfall der Almoraviden in Andalusien zerfiel der Hof ebenso wie die jüdische Gemeinde. Moshe Ibn Esra litt seitdem unter geistiger Vereinsamung und floh schließlich 1095 ins christliche Spanien.

31 Diese Zusammenstellung von sieben verschiedenen Übersetzungen eines einzigen Verses soll exemplarisch die enorme Spannbreite der Kunst des Übersetzens deutlich machen. Im hebräischen Original besteht der Vers aus nur sieben Wörtern. Durch die Jahrhunderte der Übersetzungsgeschichte hindurch haben sich diese sieben hebräischen Wörter bis hin zu ganzen deutschen Gedichten entwickelt.

32 Die «Gärten Babylons» sind die altorientalischen Gärten der Semiramis, eines der sieben Weltwunder der Antike, aber auch die sprichwörtlichen Paradiesgärten am Tigris, wo auch nach islamischer Vorstellung das Paradies, der Garten Eden, zu suchen ist. Hierzu mehr im Kommentar zum folgenden Gedicht. Mit diesem Gedicht stellt sich der palästinensische Dichter Mahmud Darwisch in die Tradition des biblischen Hohen Liedes der Liebe. ☞ Die zitierten Verse sind ein Auszug aus einem längeren Gedicht, dem Zyklus «Warum hast Du das Pferd allein zurückgelassen?» entnommen. Dieser Zyklus gehört zu Darwischs jüngster, stark lyrisch geprägter Schaffensphase.

33 Vgl. den Kommentar zu *Genieße, Freund, dein wundervolles Reh* (Nr. 30).

34 Vgl. den Kommentar zu *Wer ist das?* (Nr. 7).

35 Der Papyrus Harris 500, der im Ramses-Tempel in Theben (Luxor) gefunden wurde, wird heute im British Museum in London aufbewahrt. Er enthält, neben Harfnerliedern und Märchen, die umfassendste Sammlung altägyptischer Liebeslieder.

36 Als «Märtyrer der Liebe» ist al-Halladsch (al-Ḥusayn Ibn Manṣūr al-Ḥallāǧ, 857–922) in die islamische Geschichte eingegangen. Aus Ostiran stammend, ging der «Baumwollkämmer» – so die Übersetzung seines Namens – bei den damals berühmten Sufis in Bagdad in die Lehre und wirkte später selbst als Mystiker auf seine Zeitgenossen in Basra und Bagdad. Sein Lebenswandel, seine Praktiken und Aussprüche waren provozierend. Sein berühmtester Ausspruch «*Anā l-ḥaqq* – Ich bin die schöpferische Wahrheit», mit dem er das Mysterium der liebenden Vereinigung mit Gott zum Ausdruck brachte, kostete ihn schließlich das Leben. Er wurde am Kreuz hingerichtet, weshalb er oft mit Jesus in Verbindung gebracht wird.

37 Vgl. den Kommentar zu *Hör auf der Flöte Rohr* (Nr. 24).

38 Abu Ishak as-Sabi (Abū Isḥāq Ibrāhīm aṣ-Ṣābī, 925–994) entstammte einer bekannten irakischen Gelehrtenfamilie, deren Söhne mehrere Generationen lang am Hof der Buyidenwesire von Bagdad als Schreiber, Notare, Wissenschaftler, Ärzte und Dichter wirkten. Als Sabier war Abu Ishak kein Muslim; er verweigerte sich vielmehr bis zu seinem Lebensende der Konversion zum Islam. Die Sabier von Harran waren Anhänger eines alten polytheistischen semitischen Glaubens mit stark hellenistischem Einfluss. Teilweise wird ihr Kult sogar als letzter Ausläufer der antiken Religion gedeutet.

39 Salahattin Batu (1905–1979) studierte in Deutschland Veterinärmedizin und wurde nach seiner Rückkehr in die Türkei Universitätsprofessor in Ankara. Von 1942 bis 1946 war er Parlamentsabgeordneter. Er war Mitherausgeber der Wochenzeitschrift *sanat ve-edebiyat gazetesi*. Neben Gedichten schrieb er auch Bühnenstücke, Reiseberichte und Essays und befasste sich mit der Bearbeitung und Übersetzung altgriechischer Tragödien. In diesem modernen türkischen Gedicht klingen die Bilder und Motive aus vielen Jahrhunderten islamischer mystischer Tradition.

40 Abu Talib Kalim (Abū Ṭālib Kalīm, gest. 1651) war ein persischer Dichter des «indischen Stils». Er verbrachte den größten Teil seines Lebens an den Höfen Mogul-Indiens, als die Herrschaft der Moguln dort in kultureller und politischer Blüte stand. Er starb in Kaschmir.

41 Rabia von Basra (Rābiʿa al-ʿAdawiyya, ca. 715–801) gilt als eine der Begründerinnen der islamischen Mystik. Während unter den frühen Sufis strenger Asketismus vorgeherrscht hatte, führte Rabia die absolute Gottesliebe als Prinzip der islamischen Mystik ein. Rabia trennte sich von ihrer Familie und lebte als Eremitin in und um Basra (Irak). Schon zu Lebzeiten wurde sie als wundertätige Asketin verehrt, nach ihrem Tod wurde sie zu einer Heiligen. Die Legende berichtet, wie Rabia mit einem Eimer Wasser in der einen, einer Fackel in der anderen Hand durch Basra zog. Als man sie fragte, was das bedeuten solle, antwortete sie: «Ich will Wasser in die Hölle gießen und

Feuer ans Paradies legen, damit diese beiden Schleier verschwinden und niemand mehr Gott aus Furcht vor der Hölle oder in Hoffnung aufs Paradies anbete, sondern nur noch um Seiner ewigen Schönheit willen.» (Zitiert nach Schimmel, Gärten der Erkenntnis, S. 21)

42 Vgl. den Kommentar zu *Hör auf der Flöte Rohr* (Nr. 24).

43 Der «Reihn der Liebe» ist der Reigentanz, der im Denken des Mystikers Rumi eine wesentliche Rolle spielt, vgl. das Nachwort.

44 Dieses Gedicht, in dem ein Wasserrad von seinem Liebesleiden spricht, ist eines der großen Werke der islamischen Mystik. Die Liebe Gottes, die im schöpferischen Akt das Wasserrad erst hervorgebracht hat, wird für das Rad zur geliebten Qual. Drehen und Klagen, Leben, Lieben und Leiden verschmelzen.

45 Diese berühmten Verse werden immer wieder als Beleg religiöser Toleranz im Islam und als Vision eines Religionsfriedens zitiert. Sie sind die bekanntesten Verse des großen Mystikers Ibn Arabi (vgl. den Kommentar zu *Sie ist eine Perle*, Nr. 22). Die drei Verse bilden, zusammen mit einem vierten, der hier nicht zitiert ist, den Schluss eines «im übrigen recht komplizierten und exaltierten Liebesgedichtes, das durch den hinzugefügten Kommentar des Autors noch komplizierter wird» (Bürgel, Tausendundeine Welt, S. 138). Der mystische Denker Ibn Arabi pflegte seine Gedichte selbst zu kommentieren; in seinem Kommentar zum *Dolmetsch der Sehnsüchte* deutet er seine Liebesgedichte auf eine junge Perserin in Richtung der mystischen Gottesliebe um.

46 Omar Chayyam (ʿUmar Ḥayyām, gest. 1123 oder 1131) lebte in einer Zeit politischer Wirren unter der späten Seldschukendynastie im Nordosten Persiens. Er war Mathematiker und Astronom und schrieb bedeutende wissenschaftliche Werke. Sein Forscherdrang führte ihn zu radikaler Illusionslosigkeit, aus der heraus er das Genießen des Augenblicks als einzigen Ausweg erkannte – eine Art persisches *carpe diem*.

47 Vgl. den Kommentar zu *Hör auf der Flöte Rohr* (Nr. 24).

48 Rahman Baba (Raḥmān Bābā, ca. 1651–1711) wird als größter religiöser Dichter der Paschtunen und Vater der Paschto-Dichtung verehrt. Er war Mystiker und lebte in und um Peschawar (heutiges Pakistan); seine Zugehörigkeit zu einem bestimmten Sufi-Orden ist aber nicht eindeutig gesichert. Sein Grab in Peschawar wird bis heute von Anhängern seiner Poesie und seiner mystischen Kraft besucht. Rahman Babas Dichtung ist charakterisiert durch schlichte, manchmal psalmähnliche Verse. ✍ Das vorliegende Gedicht reimt sich auch in der Originalversion auf -at; auch die metrische Grundstruktur und die Silbenzahl wurden in die Übersetzung übernommen.

49 Vgl. den Kommentar zu *Wenn in deines Herzens Tiefen* (Nr. 46).

50 Yunus Emre (gest. 1321) lebte und wirkte in Anatolien. Über sein Leben ist wenig bekannt; sogar der Ort seiner Grabstätte ist nicht gesichert; ein Dutzend Mausoleen in Anatolien werden als Grab Yunus Emres verehrt. ✍ Yunus Emre gilt als der erste große Dichter der türkischen Sprache und wurde zum Vorläufer und unerreichten Vorbild aller späteren mystischen Volksdichter. In schlichten Worten, ohne die Kunstsprache der Perser und die strengen Formen der arabischen Poesie, beschreibt er seine absolute Gottesliebe. Yunus Emres Gedichte wurden oft vertont und sind bis heute populär.

51 Dieser Ausschnitt aus einem längeren Gedicht entstammt der Sammlung *Das Buch der Liebe*, die der Dichter Mohammed Bennis als poetische Erwiderung auf das *Halsband der Taube* des andalusischen Dichters Ibn Ḥazm al-Andalusī schuf. Mohammed Bennis (Muḥammad Bannīs, geb. 1948 in Fes, Marokko) ist Literaturprofessor in Rabat und einer der bedeutendsten marokkanischen Dichter der Gegenwart.

52 *Der Prophet*, das erfolgreichste Buch des libanesisch-amerikanischen Schriftstellers Khalil Gibran (Ǧibrān Ḫalīl Ǧibrān, 1883–1931), gilt als Versöhnungsschrift zwischen Christentum und Islam.

Gibran, selbst Christ, wählte als Hauptfigur seiner philosophischen Denkschrift den fiktiven Propheten Almustafa – ein Beiname Muhammads im Islam. ✍ Geboren in Bscharri, Libanon, wanderte Khalil Gibran als Jugendlicher mit seiner Familie nach Boston, USA, aus. Er kehrte zum Studium in den Libanon zurück, übersiedelte aber 1912, nach Aufenthalten in Europa, endgültig in die USA. Gibrans Werke sind teils in englischer, teils in arabischer Sprache abgefasst.

53 Chalil Mutran (Ḥalīl Muṭrān, 1872–1949), geboren in Baalbek, Libanon, siedelte als Achtzehnjähriger nach Paris und als Zwanzigjähriger nach Kairo über, wo er als Journalist und Dichter erfolgreich war. Obwohl er bereits in seinem ersten *Diwan* 1908 innovative poetologische Ideen äußerte, blieb seine Dichtung insgesamt eher konservativ und den traditionellen Schemata von Reim und Metrum verhaftet. Mutran steht gewissermaßen an der Schwelle zur Erneuerung der Dichtung, die 1947 mit der arabischen *free-verse*-Bewegung von Bagdad aus ihren Anfang nahm. ✍ Das vorliegende Gedicht wird in Mutrans Werkausgabe als «wörtliche Übersetzung zweier französischer Verse» bezeichnet.

54 Kuthayyir (Kuṭayyir, ca. 644–723), nach seiner Liebsten Assa ('Azza) Kuthayyir Assa genannt, war einer der sogenannten udhritischen Poeten der Umayyadenzeit. ✍ Kuthayyir stammte aus Medina im heutigen Saudi-Arabien. Um sein Leben und seine Liebesgeschichte mit Assa wurden so viele Legenden gewoben, dass Daten im eigentlichen Sinne kaum noch zu erkennen sind. Kuthayyir, der bereits in früher Jugend seine Berufung als Dichter erlebt hatte, soll von seinem Onkel mit einer Kamel- und Schafherde in die Wüste geschickt worden sein, um ihn vor den Versuchungen des Stadtlebens zu bewahren. In der Wüste begegnete ihm ein junges Mädchen, das ein Schaf kaufen wollte. Auf den ersten Blick verliebten sich die beiden. Jedoch war das junge Mädchen, Assa, bereits verheiratet. Ihr Mann, angeblich ein impotenter Greis, wurde aufgrund der Liebesgedichte Kuthayyirs eifersüchtig und zog mit seiner Frau nach Ägypten. Kuthayyir wanderte den beiden hinterher und wirkte den Rest seines Lebens in enger Verbindung zu den umayyadischen Emiren in Ägypten. Sein reichhaltiges poetisches Werk wurde auch von den Kalifen hoch geschätzt, und zu Kuthayyirs Begräbnis war fast die ganze Stadt Medina auf den Beinen. ☞ Gedicht und Übersetzung stehen im arabischen Versmaß *ṭawīl:* ˘ – ˘ | ˘ – ˘ – | ˘ – ˘ | ˘ – ˘ –

55 Abu Tammam (Abū Tammām, 804/806–845/846) gilt als einer der bedeutendsten arabischen Dichter. Er wuchs als Sohn eines christlichen Weinhändlers in Damaskus auf und machte Karriere als Hofdichter der Abbasiden in Samarra. Zu seiner Zeit war er der berühmteste und beliebteste Panegyriker. Allerdings musste Abu Tammam seiner unvorteilhaften Stimme wegen stets in Begleitung eines Rezitators auftreten. Als Dichter von Liebesgedichten repräsentiert Abu Tammam das arabische Ghasel «in seiner konsolidierten vollendeten Form» (Bauer, Liebe und Liebesdichtung, S. 86), die von einer realistischen, ideologiefreien und privaten Einstellung zur Liebe und von einem metaphernreichen «neuen Stil» geprägt ist. ☞ Diese Verse gehören zu den meistzitierten der arabischen Liebesdichtung.

56 Vgl. den Kommentar zu *Lob den Liebenden* (Nr. 48).

57 Vgl. den Kommentar zu *Dein Geist hat sich gemischet mit dem meinen* (Nr. 36).

58 Abu Nuwas (Abū Nuwās, um 747–815) war gelernter Philologe, Koranüberlieferer und Tradent von Dichtung. Seine Ausbildung absolvierte er in Basra und Kufa und ging dann nach Bagdad. Da er als Hofdichter am Kalifenhof kein Glück hatte, wirkte er zuerst als Panegyriker der Barmakiden und musste schließlich nach Ägypten fliehen. Nach Bagdad zurückgekehrt, verbrachte er als Hofdichter des Kalifen al-Amin seine erfolgreichste Zeit. Abu Nuwas gilt als einer der bedeutendsten arabischen Dichter der Abbasidenzeit; seine Dichtung prägte ganze Epochen nach ihm. Berühmtberüchtigt wurde er durch seine Vorliebe zu Themen wie Weingenuss, homoerotische Liebe und derb-zotige Sprüche.

59 Vgl. den Kommentar zu *Die Zeitung* (Nr. 18).

60 Ibn Hasm al-Andalusi (Ibn Ḥazm al-Andalusī, 994–1064) ist als einer der vielseitigsten arabischen Denker und Schriftsteller bis heute bekannt und beliebt. Seine schriftstellerische Tätigkeit umfasste, neben der Lyrik, die Geschichtsschreibung, juristische Themen, Philosophie und Theologie. Darüber hinaus hatte er unter den Umayyaden Andalusiens politische und militärische Aufgaben inne. Er lebte unter unterschiedlichsten, teils widrigen Verhältnissen stets in Andalusien, u. a. in Cordoba, Almeria und Jativa, wo er das berühmte *Halsband der Taube* verfasste, aus dem unser Gedicht zitiert ist. Das *Halsband der Taube* ist eine umfassende Abhandlung über alle Aspekte der Liebe mit vielen Beispielen aus der Literatur und eigenen Dichtungen. Es zählt zu den bedeutendsten orientalischen Liebeshandbüchern.

61 Mutanabbi (al-Mutanabbī, um 915–965) erhielt seinen Beinamen «Der Möchtegern-Prophet» wahrscheinlich von syrischen Nomaden, unter denen er zeitweise als Missionar einer sektenähnlichen islamischen Gruppe wirkte. Er stammte aus Kufa im heutigen Irak und wirkte u. a. als Hofdichter des Hamdaniden Saif ad-Daula. Sein schwieriger Charakter und sein Erfolg schufen ihm viele Feinde. Trotzdem gilt er bis heute als einer der größten Dichter der Araber.

62 Rudaki (Abū ʿAbdallāh Ǧaʿfar Ibn Muḥammad ar-Rūdakī, gest. um 940), genannt «Der Dichter von Samarkand», stammte aus einem Vorort von Samarkand und wirkte als Hofdichter der Samaniden von Buchara. Rudaki gilt als der erste Dichter der klassischen persischen Sprache. Er soll über 180 000 Verse hinterlassen haben, die allerdings fast alle verloren sind. Viele andere Verse wurden ihm später fälschlich zugeschrieben. Ob die hier zitierten Verse original sind, konnte nicht mit Sicherheit festgestellt werden. ⟿ Huris sind die koranischen Paradiesjungfrauen. Sâkî (arab. *sāqī*) ist die arabische – und als Fremdwort ins Persische übernommene – Bezeichnung des jugendlichen Weinschenken, einer zentralen Projektionsfigur der orientalischen Liebeslyrik.

63   Shelomo Ibn Gabirol (ca. 1020–vor 1056), Dichter und Philo-
soph, stammte aus Córdoba, wirkte in Zaragoza, überwarf sich aber
mit der dortigen jüdischen Gemeinde und starb vereinsamt und
jung in Valencia. Seine Philosophie neuplatonischer Prägung schrieb
er in arabischer Sprache nieder, während er auf Hebräisch dichtete.
Er war ein «Dichter des tragischen Lebensgefühls, so wie viele Jahr-
hunderte danach Giacomo Leopardi in Italien» (Bossong, Das Wun-
der von al-Andalus, S. 193). ◦᷅ Dieses Gedicht spricht allerdings
von überschwänglicher Liebe und Freundschaft, vom Genuss des
Lebens auch angesichts des Todes.

64   Es handelt sich hier um ein sehr ungewöhnliches Liebesgedicht,
das die Gedichte zur Gottesliebe, die der mystischen Tradition des
Islams entstammen, nachklingen lässt. Die aus der Liebesdichtung
bekannten Bilder vom Wein, von der Liebesvereinigung, vom Ge-
schwätz der Leute, fügen sich hier in ein mystisch-philosophisches
Denksystem. ◦᷅ Der Dichter Schuschtari (Abū l-Ḥasan ʿAlī Ibn
ʿAbdallāh an-Numayrī aš-Šuštarī, 1212–1269) stammte aus Guádix
am Fuß der Sierra Nevada. Er lernte bei Sufi-Meistern in Andalu-
sien, Syrien und Arabien, bevor er sich in Ägypten niederließ. Sein
Grab in Damietta (Dumyāt) an der ägyptischen Mittelmeerküste
wird bis heute verehrt. ◦᷅ Schuschtari schrieb, im Gegensatz zu
dem anderen großen andalusischen Mystiker, Ibn Arabi, in der
leicht zu verstehenden arabischen Umgangssprache, dem granadi-
nisch-arabischen Dialekt. Er war der Meinung, «man solle sich nicht
den Sinn durch Formalitäten einschnüren lassen, sondern frei und
spontan in der Sprache reden, die Gott dem Menschen gegeben hat;
nur so könne der Mystiker seine Erfahrungen unmittelbar aus der
Tiefe seines Herzens sprechen lassen» (Bossong, Das Wunder von
al-Andalus, S. 155).

65   Vgl. den Kommentar zu *Wenn in deines Herzens Tiefen* (Nr. 46).

66   Vgl. den Kommentar zu *Wenn in deines Herzens Tiefen* (Nr. 46).

67 Der deutsche Dichter Klabund (1890–1928) hat neben eigenen Werken auch Nachdichtungen chinesischer, japanischer und persischer Lyrik verfasst. Als Vorlage für seine Nachdichtung des Hafis gibt er verschiedene Übersetzungen aus dem Persischen an, bekennt aber gleichzeitig, er habe den Dichter «aus meinem Herzen nachgedichtet». Im Nachwort heißt es außerdem: «Mohammed Schemseddin, welcher in Persien im 14. Jahrhundert lebte, war ein Priester dessen, dem er seinen Namen und seinen Beinamen verdankte. Sein Beiname heißt: Hafis: Bewahrer (des Koran). Aber er hat uns noch besseres bewahrt als das Andenken seiner ziemlich weinseligen Priesterschaft: er hat uns in unsterblich leicht und schweren Liedern den Gesang des Vogels Bülbül, der aus seiner Seele sang, aufgefangen. Er dachte: tief. Aber er flog in schwebenden Versen hoch: so hoch, daß er den Flug neben Sappho, Catull, Goethe, Litaipe wohl wagen darf. (…) Goethe setzte ihm im Westöstlichen Diwan ein Denkmal. Größer ist das, das er sich selber in seinen Liedern gesetzt» (Klabund, Der Feueranbeter, 39) ☞ Zum Dichter Hafis vgl. den Kommentar zu *Trüg' von Schiras der schöne Türke* (Nr. 9).

68 Nisami (Niẓāmī, gest. um 1205) ist der Dichter, der die Geschichten der legendären orientalischen Liebespaare zu großen persischen Versepen verdichtete. Als «Lehrer aller Dichter» bezeichnete ihn Goethe, der sich in seinem *Westöstlichen Divan* Nisami sehr verbunden fühlte.

69 Georges Schehadé (ca. 1905–1989) ist der wohl bekannteste frankophone Lyriker und Theaterautor des Libanon. Geboren in Alexandria als Sohn einer christlichen Familie, die 1920 nach Beirut zurückkehrte, arbeitete er zunächst in Beirut als Jurist und Autor, siedelte 1949 nach Paris über und war mit vielen französischen Autoren und Künstlern seiner Zeit eng verbunden.

70 Dies ist eine der letzten Übertragungen der großen Übersetzerin Annemarie Schimmel (1922–2003). Sie wurde in einer Anthologie mit Gedichten weiblicher Dichterinnen posthum veröffentlicht. ☞ Schah Jahân war im 17. Jahrhundert Großmogul von Indien und der Erbauer des berühmten Taj Mahal. Sulaimân ist der arabische Name für den biblischen König Salomo, der im Islam besondere Verehrung genießt. Koranische Legenden berichten, dass er Heerführer eines Heers aus Menschen, Tieren – insbesondere Vögeln – und Dschinnen war. Daher der Verweis auf das «Banner Sulaimâns».

71 SAID wurde 1947 in Teheran geboren und kam 1965 als Student nach Deutschland. Er lebt als freier Autor in München.

72 Nedim (Aḥmed Nedīm, 1681–1730) lebte und wirkte in Konstantinopel als Jurist, Bibliothekar und Dichter am Hofe des Großwesirs Ibrahim. Als 1730 eine Revolution den Großwesir stürzte, wurde Nedim von der aufgebrachten Menge getötet. Nedim gilt, insbesondere aufgrund seiner Aufmerksamkeit für die reine türkische Sprache, als einer der bedeutendsten osmanischen Poeten. ☞ Die Übersetzerin Annemarie Schimmel hat sich insbesondere um die osmanisch-türkische Literatur verdient gemacht, die sie in großem Umfang für die deutsche Leserschaft erschloss.

73 Fadwa Tukan (Fadwā Ṭūqān, 1917–2003) gilt als «Grande Dame» der palästinensischen Dichtung. Geboren in Nablus, kehrte sie nach einem Englischstudium in Oxford wieder nach Palästina zurück, wo sie bis zu ihrem Tod lebte. Sie wurde zunächst durch Trauergedichte auf ihren Bruder, den früh verstorbenen Dichter Ibrahim Tukan (gest. 1941), bekannt. Nach 1967 schrieb sie Widerstandsdichtung, nach 1994 verstärkt lyrische Texte.

74 Ibrahim «der Baumeister» (Ibrāhīm al-Miʿmār, gest. 1348) lebte als Steinmetz und Baumeister in Kairo. Seinen Ruhm verdankt er aber nicht seiner Tätigkeit als Architekt, sondern seinem Talent für Poesie. In Hunderten, oft umgangssprachlich geprägten Epigrammen und Strophenliedern spricht er über seine Leidenschaften und gibt sarkastische Kommentare zum Zeitgeschehen. Diese Gedichte sind nicht nur für die Literaturwissenschaft interessant, sondern auch für die historische Anthropologie, erlauben sie doch einen Einblick in die Gefühls- und Gedankenwelt eines Handwerkers aus dem 14. Jahrhundert.

75 Iman Mirsal (Īmān Mirsāl, geb. 1966) gehört zu der jüngeren Generation der modernen ägyptischen Literaten und Poeten. Ihre Arbeiten zeichnen sich durch Lebensnähe, Humor und eine unkonventionelle Sicht auf den Alltag aus. Neben ihrer schriftstellerischen Tätigkeit lehrt sie Arabisch, u. a. in Kanada und an der Cairo University.

76 Amal al-Jubouri wurde 1967 in Bagdad geboren und entstammt einer alteingesessenen irakischen Familie. Sie arbeitete als Fernsehjournalistin für das irakische Fernsehen, bevor sie 1997 den Irak verließ und ins Exil nach Deutschland ging. 2003 kehrte sie nur zwei Tage nach dem Sturz des Regimes Saddam Husseins in den Irak zurück und gründete in Bagdad das erste neue Kulturzentrum. Seit Ende 2000 war Amal al-Jubouri als Kulturberaterin der Republik Jemen in Deutschland tätig. Sie lebt in Bagdad und in Berlin.

77 Vgl. den Kommentar zu *klein ist das herz* (Nr. 20).

78 Safadi (Ḫalīl Ibn Aybak aṣ-Ṣafadī, 1297–1363) war einer der berühmtesten Philologen und Literaten der Mamlukenzeit. Er stammte, wie sein Name sagt, aus Ṣafad, einer Stadt, die als Wiege mystischer und künstlerischer Inspirationen galt und gilt. Safadi wirkte als Sekretär, also Staatskanzlist, u. a. in Kairo und Damaskus. Seine schöne Handschrift machte ihn bekannt und beliebt. Sein literarisches Werk umfasst Poesie, Maqamen, historiographische und literaturtheoretische Werke sowie literarische Anthologien. Safadi soll 50 Bücher verfasst und weitere 500 abgeschrieben haben.

79 Nabila as-Subeir (Nabīla az-Zubayr, geb. 1964 im Jemen) ist Lyrikerin und Romanautorin. Sie studierte arabische Literatur und Psychologie an der Universität Sanaa und leitet dort ein Frauenkulturzentrum.

80 Abdelwahab Meddeb (geb. 1946) ist einer der bekanntesten französischen Autoren arabischer Abkunft. Er wurde in Tunis geboren und lebt heute als Redakteur in Paris. Der Autor, der nicht erst seit seinem Buch *Die Krankheit des Islam* (2002) zu einem viel gefragten Experten für den interkulturellen Austausch geworden ist, verfasste Romane sowie Gedichte und gilt als profunder Kenner der islamischen Mystik.

81 Alkama (ʿAlqama Ibn ʿAbada Ibn an-Nuʿmān, um 550) ist einer der «sechs Dichter», die als die bekanntesten vorislamischen arabischen Dichter gelten. Er trug den ehrenden Beinamen al-Faḥl («Hengst»), der nur den größten altarabischen Dichtern gewährt wurde. Alkama war Dichter, Held und Sprecher seines Stammes Tamīm; seine Gedichte beziehen sich u. a. auf die Stammesfehden zwischen Ghassaniden und Lachmiden in den Generationen vor dem Einzug des Islams. Darüber hinaus ist über sein Leben wenig bekannt. ☙ Das hier übersetzte Gedicht wurde so populär, dass es auch in *Tausendundeiner Nacht* zitiert wird, dort allerdings nur mit seinen ersten beiden Versen und ohne Nennung des Verfassers. Der dritte Vers ist in den Diwanen des Dichters erhalten. ☙ Gedicht und Übersetzung stehen im arabischen Versmaß *ṭawīl:* ˘ − ˰ | ˘ − ˰ − | ˘ − ˰ | ˘ − ˘ −

82 Das Traumbild, die nächtliche Erscheinung der Geliebten im Traum, ist eines der zentralen Motive der altarabischen Liebesdichtung. In der frühesten Dichtung taucht die Erscheinung im Wachzustand des Dichters auf, ruft die Erinnerung an die ferne Geliebte wach und verstört den Dichter tief. Später wird sie in den Traum verlegt, und der Dichter kann nachts die Liebe genießen, die ihm in der Wirklichkeit verwehrt ist. ☙ Der Dichter Abu Dschaafar Ibn Said (Abū Ǧaʿfar Ibn Saʿīd, um 1130−1163), Spross eines alten arabischen Adelsgeschlechts, lebte in Granada und gehörte zu den Dichtern der frühen Almohadenzeit in Andalusien.

83 Dieses Gedicht, von dem hier nur der Anfang wiedergegeben ist, ist eines der berühmtesten arabischen Gedichte überhaupt. Seine ersten Worte «*qifā nabki* – Bleibt stehen und lasst uns weinen» sind ein geflügeltes Wort und stehen symbolisch für die gesamte altarabische Dichtung. Das Gedicht gehört zu der Sammlung *Muallakat* (*al-Muʿallaqāt* – «Die Angehefteten»), der ältesten arabischen Anthologie, deren sieben Gedichte bereits in vorislamischer Zeit so berühmt waren, dass sie angeblich, auf Stoff geschrieben, an der Kaaba zu Mekka aufgehängt gewesen sein sollen. ✍ Der vorislamische Dichter Imrulkais (Imruʾ al-Qays Ibn Ḥuǧr) war der jüngste Sohn des letzten Königs von Kinda, einer südarabischen Stammesföderation, die sich im 5. Jahrhundert nach Zentralarabien und bis in den Norden der arabischen Halbinsel ausgebreitet hatte. Angeblich wurde Imrulkais wegen seiner poetischen Neigung zweimal aus seines Vaters Haus verstoßen. Er kehrte jedoch zurück, um den Vater, der einem Mordanschlag zum Opfer gefallen war, zu rächen. Seitdem war er als Dichterfürst bekannt. Er soll bis nach Konstantinopel gereist sein, um sich von Kaiser Justinian Hilfstruppen gegen verfeindete Stämme auszubitten, wurde aber auf dem Rückweg durch ein vergiftetes Hemd – ein Abschiedsgeschenk Kaiser Justinians – ermordet. ✍ Die bitteren Samen der Koloquinte sind hochgiftig, daher hat der Dichter am Abschiedsmorgen das Gefühl, Gift zu essen. Zu diesem Motiv vgl. auch *Wund sei der Kamele Huf* (Nr. 93). ✍ Gedicht und Übersetzung stehen im arabischen Versmaß *ṭawīl*: ˘ – ˘ | ˘ – ˘ – | ˘ – ˘ | ˘ – ˘ –

84 Die Geschichte von Kais und Lubna ist eine der bekanntesten arabischen Liebeslegenden. Sie soll begonnen haben, als Kais Ibn Dharih (Qays Ibn Ḏarīḥ), der zwischen 626 und 687 bei seinem Stamm in der Nähe von Medina lebte, im Zelt Lubnas, die einem anderen Beduinenstamm angehörte und gerade allein im Lager war, nach einem Schluck Wasser fragte. Nachdem die beiden sich ineinander verliebt hatten, bat Kais seinen Vater, um Lubnas Hand anzuhalten, was dieser aber ablehnte. Erst nach der Fürsprache al-Husseins kam es zur Ehe, die aber kinderlos blieb. Daraufhin versuchten Kais' Eltern, ihn zur Trennung von Lubna und zur Ehe mit einer Verwandten zu überreden. Als alle Überzeugungsversuche scheiterten, trat Kais' Vater in einen «Sonnenstreik»: Er werde sich so lange der sengenden Wüstensonne aussetzen, bis Kais sich von Lubna getrennt habe. Endlich beugte sich Kais diesem Druck, bereute aber zeitlebens die Trennung von seiner geliebten Frau. Beide wurden mit anderen Partnern verheiratet, aber Kais trauerte Lubna bis zu ihrem Tod mit unzähligen Gedichten nach. ✐ Dass ein eingeschlafener Fuß (oder Arm, Hand etc.) wieder erwacht, wenn man den liebsten Menschen beim Namen ruft, besagt eine alte arabische Tradition. Das zitierte Gedicht soll Kais spontan gedichtet haben, als ihm lange nach der Trennung von Lubna einmal in einer Gesellschaft das Bein eingeschlafen war und er zum Entsetzen aller Anwesenden den Namen seiner ersten Geliebten ausgerufen hatte. ✐ Das Gedicht steht im arabischen Metrum *ṭawīl:* ˘ – ˘ | ˘ – ˘ – | ˘ – ˘ | ˘ – ˘ –, dem auch die beiden mittleren Verse der Übersetzung folgen.

85 Perlen für Tränen, Narzissen für Augen, Rosen für Wangen, Hagelkörner für Zähne, rotbraune Brustbeeren (*zizyphus jujuba*, auch Jujube) für die Lippen – die Fülle der Metaphern in einem einzigen Vers hat dieses Gedicht berühmt gemacht. Das Gedicht ist aber auch ein Beispiel für das Motiv der unerfüllten Liebe und der grausamen Geliebten, die den Dichter durch ihre Schönheit in den Wahnsinn treibt und erst weich wird, als es zu spät ist, weil der Verehrer bereits an Liebeskummer gestorben ist. ✐ Gedicht und Übersetzung stehen im arabischen Versmaß *basīṭ:* ˘ – ˘ – | ˘ ˘ – | ˘ – ˘ – | ˘ ˘ – ✐ Der Dichter Yasid Ibn Muawiya (Yazīd Ibn Muʿāwiya) regierte von 680 bis 683 als zweiter Kalif der Umayyadendynastie, deren Kalifenhof in Damaskus blühte. Die islamische Tradition steht Yasid größtenteils feindselig gegenüber, da unter seiner Regierung sowohl Alis Sohn Hussein, der aus der Familie Muhammads stammte und selbst das Kalifat übernehmen wollte, bei Kerbela getötet wurde als auch die heiligen Stätten Mekka und Medina, in denen sich ein Gegenkalif etabliert hatte, zu Kampfschauplätzen wurden.

86 Ibn Seidun (Ibn Zaydūn, 1003–1070), der große Klassiker der andalusisch-arabischen Literatur, war bereits als Zwanzigjähriger ein berühmter Dichter. Er verbrachte sein Leben in Andalusien als Hofdichter verschiedener Herrscher in der turbulenten Zeit nach dem Fall des Umayyadenkalifats. Dieses Gedicht an seine Geliebte Wallada, das hier nur auszugsweise wiedergegeben wird, ist Ibn Seiduns berühmtestes. Es trägt den arabischen Titel *nūniyya*, da sein Reim auf den Buchstaben *nūn* endet. Der Ruhm dieser Verse ist bis heute nicht verklungen, sie werden zu den bekanntesten Liebesversen der Araber gezählt. ❧ Wallada, die Adressatin von Ibn Seiduns Gedichten, war eine selbstbewusste Kalifentochter, die nach dem Tode ihres Vaters einen Kreis von Literaten um sich scharte. Als sie in diesen Kreis auch einen politischen Widersacher Ibn Seiduns aufnahm, rächte dieser sich mit Spottgedichten, worauf sein Rivale ihn ins Gefängnis warf. Ibn Seidun gelang die Flucht nach Sevilla, er fiel aber erneut in Ungnade und kämpfte den Rest seines Lebens vergeblich darum, Walladas Gunst zurückzugewinnen. ❧ Das folgende Gedicht (Nr. 87) gibt einen Eindruck von der poetischen Erwiderung, die seine Geliebte auch nach der Trennung dem Dichter zollte.

87 Wallada (Wallāda Bint al-Mustakfī, 994–1091) und ihr Geliebter Ibn Seidun gehören zu den großen Liebespaaren der Weltliteratur. «Am ehesten sind vielleicht Alfred de Musset und George Sand vergleichbar», schreibt der Übersetzer Georg Bossong. Wallada, Tochter des Kalifen Muhammad III. al-Mustakfi von Córdoba, lebte ein freies und ungebundenes Leben, scharte Literaten und Intellektuelle um sich, liierte sich mit dem großen Dichter Ibn Seidun ebenso wie mit der Dichterin Muhdscha Bint at-Tayyani. «Nach allem, was über sie berichtet wird, war sie eine intellektuell, künstlerisch und erotisch emanzipierte Frau» (Bossong, Das Wunder von al-Andalus, S. 71). Dass ihr Geliebter Ibn Seidun eine Affäre mit ihrer schwarzen Sklavin hatte, verzieh sie ihm nie, und darauf spielt das zweite der hier abgedruckten Gedichte an.

88 Abdarrahman V. (ʿAbdarraḥmān Ibn Hišām, 1002–1024), Kalif von Córdoba, wurde im Alter von erst 22 Jahren von seinem Amtsnachfolger al-Mustakfi ermordet, auf den nur ein Jahr später dasselbe Schicksal wartete. Trotz der Unruhen im Zuge des Untergangs des umayyadischen Kalifats und der Berberaufstände versammelte Abdarrahman Gelehrte und Literaten um sich. Sein Leben ist beispielhaft für die Blütezeit der andalusisch-arabischen Kultur, in der Juden, Christen und Muslime auf die fruchtbarste und friedlichste Weise zusammenlebten und für eine einzigartige Blüte der Wissenschaften und Künste sorgten.

89 Vgl. den Kommentar zu *Zu Leila in der Wüste* (Nr. 25).

90 Vgl. den Kommentar zu *Zu Leila in der Wüste* (Nr. 25). ☞ Gedicht und Übersetzung stehen im arabischen Versmaß *wāfir:* ˘ – ˘˘ – | ˘ – ˘˘ – | ˘ – –

91 Zu den Gedichten in *Tausendundeiner Nacht* vgl. den Kommentar zu *Wer ist das?* (Nr. 7).

92 Vgl. den Kommentar zu *Lass dein Herz in Liebe wandern* (Nr. 55).

93 Dschamil (Ǧamīl Ibn ʿAbdallāh Ibn Maʿmar) war der bekannteste Liebesdichter des Stammes ʿUdra (Asra, Udhriten, vgl. den Kommentar zu *Der Asra*, Nr. 98). Nach einer unglücklichen Liebesgeschichte mit Buthaina floh er aus dem Hidschas (heutiges Saudi-Arabien) in den Jemen. Später zog er an den Hof des umayyadischen Statthalters von Ägypten, wo er 701 gestorben sein soll.

94 Taufik Sayyad (Tawfīq Zayyād, 1932–1994), palästinensischer Dichter und kommunistischer Politiker im israelischen Parlament, war von 1975 bis 1994 Bürgermeister von Nazareth. Er studierte russische Literatur in Moskau und publizierte u. a. Übersetzungen russischer Lyrik. Seine Dichtung ist charakterisiert durch schlichte, konventionelle Verse mit Bildern aus der altarabischen Tradition und der palästinensischen Folklore.

95 Vgl. den Kommentar zu *Deine Liebe ist mit meinem Leib vermischt* (Nr. 35).

96 Am Anfang steht die eindringliche Nachdichtung der berühmten Verse *aşkın aldı benden beni* durch den türkisch-deutschen Schriftsteller Zafer Şenocak. Die todbringende Gewalt der Liebe wird hier in Worten beschrieben, die die Jahrhunderte leichtfüßig überspringen. Gerade dadurch, dass das originale Versmaß und der türkische Reim nicht eingehalten werden, wird Yunus Emres Gedankengang für zeitgenössische Leser unmittelbar zugänglich. Diese Übersetzung verdeutlicht die Modernität der Gedanken des Mystikers Yunus Emre. ☙ Zum Vergleich die gereimte und formal dem Original nachempfundene Übersetzung Annemarie Schimmels. ☙ Zum Dichter Yunus Emre vgl. den Kommentar zu *Ach Schöpfrad, warum klagest du?* (Nr. 44).

97 Sibunnisa Machfi (Zībunnisā' Maḫfī, 1639–1702), die älteste Tochter des Mogul-Kaisers Aurangzeb, soll eine bedeutende Mäzenin und Buchliebhaberin gewesen sein und eine unvergleichliche Bibliothek besessen haben. ☙ Falter, Nachtigall und Kerze sind Symbole für die Liebe und den Liebestod. In diesem Gedicht finden all die orientalischen Bilder und Metaphern auf einmal zu einem Ende. Es ist, als wären die Bilder selbst überflüssig geworden, sie selbst können jetzt sterben und verbrennen. Dieser ungewöhnliche Gedankengang ist angesichts der Epoche, in der das Gedicht entstanden ist, hochmodern.

98 Der deutsche Dichter Heinrich Heine (1797–1856) war an der arabischen und persischen Dichtung sehr interessiert. Er ließ sich durch sie zu Gedichten und auch zu einem Drama inspirieren. Sein Gedicht *Der Asra* porträtiert die «udhritische» Liebe, wie sie Heine aus zahlreichen klassischen arabischen Gedichten kennengelernt hat: Die Liebenden vom Stamme ʿUḏra (Heine nennt den Stamm «Asra») zogen eine ganze dichterische Bewegung in der Umayyadenzeit nach sich. Diese Dichter betonen die unerschütterliche Treue zu ihrer Geliebten auch angesichts der Unmöglichkeit der

Liebe. An diesem Konflikt leiden sie bis hin zum Wahnsinn oder zum Tod.

99   Vgl. den Kommentar zu *Komm doch und küss mich!* (Nr. 5).

100   Cahit Sıtkı Tarancı (1910–1956) gilt als einer der führenden Dichter der türkischen Moderne. Er wurde in Diyarbakir geboren, siedelte 1939 nach Paris über und arbeitete dort als Rundfunkjournalist, musste aber schon 1940 wegen des Ausbruchs des Zweiten Weltkriegs wieder in die Türkei zurückkehren. Dort arbeitete er als Übersetzer, bis er erkrankte und früh verstarb.

Nachwort

Was macht die orientalische Liebesdichtung so faszinierend? Warum interessierten sich Goethe, Herder, Heine und heute wieder zahlreiche zeitgenössische Dichterinnen und Dichter deutscher Sprache für sie? Und warum begeistert die orientalische Liebesdichtung bis heute ein riesiges Publikum, quellen die arabischen Internet-Foren über von Zitaten aus alten und neuen Liebesgedichten des Orients?

In der Liebesdichtung des Orients finden Gefühle ihren Ausdruck, die in der realen Lebenswelt ihrer Leser und Hörer, aber auch ihrer Verfasser oft nicht ausgelebt werden konnten. Manche dieser Gedanken entziehen sich jeder Entsprechung in der Realität, während andere durchaus realistische Erinnerungen an erlebte Liebesabenteuer sein können. Insofern sind orientalische Liebesgedichte wie kleine, geheime Paradiese. Dort folgt das Leben den Gesetzen des Herzens, dort darf rückhaltlos geliebt und wiedergeliebt werden, dort fallen die Hüllen von der weiblichen, aber auch von männlicher Schönheit, dort wird geweint, gelitten und gestorben, was das Zeug hält.

Diese kleinen Paradiese sind seit Jahrhunderten mit festen Bildern, Chiffren und Symbolen verschlüsselt: Der Falter schwirrt um die Flamme, bis diese ihn versengt; die Nachtigall singt der Rose, die sie mit ihren Dornen zu Tode sticht, ihre Liebeslieder; die Kerze verzehrt sich selbst, in dem sie ihrer Bestimmung gemäß in Liebe entbrennt. Rose und Nachtigall, Kerze und Falter, aber auch Gazelle, Zypresse und Weidenzweig, Granatapfel, Karneol und Zuckerkand, Perlen und Narzissen, Milch, Honig und Weinkelch, Vollmond und

Morgensonne, Jagdnetz, Schießbogen und Liebespfeil – ein über-
schäumender Reichtum an Metaphern und Bildern aus allen Berei-
chen des Lebens und der Natur bestimmt die Sprache der Liebe im
Orient.

Diese symbolträchtige Sprache der Liebe verbindet die unter-
schiedlichen Literaturen und Kulturen des riesigen geographischen
Raumes, der als «Orient» bezeichnet wird und der von Marokko im
Westen bis Pakistan im Osten, vom Kaspischen Meer im Norden bis
an die Südspitze der arabischen Halbinsel reicht. «Die Sprache der
Liebe wurde neben der des Islams und jener der Wissenschaft zur
dritten *lingua franca* der Araber und der Perser», so formuliert es
Malek Chebel.[1] Dabei war jene *lingua franca* mitnichten auf Ange-
hörige der islamischen Religion beschränkt. Auch Juden, Christen,
Sabier und andere religiöse Gruppen haben Teil an der Sprache der
Liebe im Orient, deren Wurzeln lange vor dem Islam in den Kul-
turen des Alten Orients gewachsen sind.

Hüter und Entwickler dieser Sprache sind die Dichterinnen und
Dichter. Sie waren und sind im Orient hoch geachtet. So füllen zum
Beispiel Mahmud Darwischs (geb. 1941) poetische Lesungen ganze
Sportstadien, er gilt als Sprachrohr des palästinensischen Volkes.
Damit erfüllt er eine ähnliche Aufgabe wie Jahrhunderte zuvor die
altarabischen Beduinendichter, die ebenfalls Sprecher ihrer Stämme
und zugleich Politiker waren.

Unter den Dichterinnen und Dichtern gibt es solche, die ganz
besonders der Liebesthematik zugewandt sind, neben anderen, für
die die Liebe ein Thema unter vielen ist. Einer aus der erstgenann-
ten Gruppe ist der Bagdader Dichter al-Abbas Ibn al-Ahnaf (gest.
um 805). Er ging so weit, zu konstatieren: «Nur Liebende sind wahre
Menschen. Wer aber nicht liebt oder verliebt ist, an dem ist nichts
Gutes!»[2]

Die Themen und Motive der orientalischen Liebeslyrik sind weit
gefächert. In diesem Buch klingen viele von ihnen an: Das Lob der
Schönheit des Geliebten, sei es Mann oder Frau; Leila und Madsch-
nun, das legendäre Liebespaar, oft als «Romeo und Julia in der
Wüste» bezeichnet. Es teilt sein Schicksal mit einem Dutzend ande-
rer Liebespaare, die in den orientalischen Literaturen wichtig ge-

worden sind: Dschamil und Buthaina, Urwa und Afra, Kais und Lubna. Die beiden Letztgenannten waren ein so sprichwörtliches Liebespaar, dass jahrhundertelang alle Gedichte, in denen der Name Lubna vorkam, dem Kais zugeschrieben wurden. Aus der frühen islamischen Überlieferung kommen Yusuf und Suleika sowie Salomon und Bilkis, die Königin von Saba, hinzu. Die persische Literatur liebte die Geschichten von Chosrau und Schirin, Sal und Rudabeh, Wis und Ramin und andere Liebeslegenden, die von persischen Dichtern, allen voran Nisami (gest. um 1205), zu großartigen Versepen verdichtet wurden.

Paradies und Apfelgarten sind von jeher im Orient geläufige Themen, und sie sind mit der Liebe untrennbar verknüpft. Denn die Liebeserfüllung gilt als das Paradies auf Erden: «Gott ist groß! Allahu akbar! Dieser Mond ist aufgestiegen, / Und es konnte ein Verliebter seinen Liebsten endlich kriegen. / Wer hat je die Sonne und den Mond gemeinsam stehen sehen, / Dort, wo Paradies und Welt an einem Ort zusammenliegen?»[3] So jubiliert *Tausendundeine Nacht*, wenn sich zwei Liebende endlich einmal vereinigen dürfen. Ähnlich wie in der christlichen Mythologie gibt es auch im Islam zwei Paradiese, die grundsätzlich voneinander unterschieden werden: zum einen das Paradies, in dem Gott Adam und Eva erschuf und aus dem diese nach dem Sündenfall vertrieben wurden; zum zweiten das Paradies, das den Menschen nach dem Tod erwartet. Während Letzteres im Himmel liegt – im Islam traditionell über dem siebten Himmel, unmittelbar unter Gottes Thron –, ist die Lage des Ersteren, des Gartens Eden und Ursprungs der Menschheit, oft mit konkreten Regionen auf der Erde verbunden worden. Eine der wichtigsten Traditionen, die in Judentum, Christentum und Islam gleichermaßen überliefert wurde, verortet den Garten Eden im Zweistromland.

Dieses Beispiel zeigt, dass die orientalische Liebesdichtung gar nicht so fremd ist, wie sie zunächst erscheinen mag. Sie steht vielmehr in enger Verbindung zu Texten, Bildern und Vorstellungen, die traditionell der «abendländischen» Kultur zugerechnet werden oder ihr zumindest vertraut sind. Auch dieser «Wiedererkennungseffekt» kann die Faszination erklären helfen, die die orientalischen Liebesgedichte auf uns westliche Leser ausüben.

Zu den Themen, die westlichen Lesern vertraut sind, gehören Wein und Weingenuss. Sie sind insbesondere in Persien eng mit der Liebesdichtung verknüpft. Auch wenn Weingedichte manches Mal mystisch gedeutet und die Trunkenheit als geistiger Rausch, der Wein als reine Gottesliebe interpretiert wurden, ist der Realismus vieler solcher Trink- und Liebeslieder unüberhörbar. Meisterhaft wurde dieses Thema von Omar Chayyam durchgeführt. Seine im 12. Jahrhundert entstandenen Vierzeiler sind beseelt vom Thema Wein. «Der Mann, der diese Aussprüche schrieb, kennt das Außen von Sein und Nichtsein, das Innen von jeder Begeisterung und Verzweiflung und kennt jenseits der Trunkenheit keinen anderen Rang», schreibt Cyrus Atabay.[4]

Ein anderes für die orientalische Liebesdichtung typisches Thema ist das weite Feld der homoerotischen Liebe. In den meisten Fällen geht es dabei um die Liebe eines Mannes zu einem Jüngling, dessen Schönheit in den höchsten Tönen beschrieben wird. Oft setzt der Bartwuchs des jugendlichen Partners solchen Beziehungen ein Ende; so sind die zahlreichen «Wangenflaum»-Gedichte zu erklären. Besonders gern gebrauchte Projektionsfiguren für diese Art mannmännlicher Liebe sind der Mundschenk sowie der junge Türke. Nach Thomas Bauer ist es «wohl vor allem die besondere soziale Situation der Türken, die zu der außergewöhnlich starken erotischen Besetzung des Türken in der arabischen (und persischen) Literatur geführt hat. Offensichtlich waren die türkischen Soldaten – junge und durchtrainierte Militärsklaven – gleichermaßen begehrenswert wie auch – fern von der Heimat und ohne Familie – leicht (wenn auch nicht unbedingt gratis) für erotische Abenteuer zu gewinnen.»[5] Doch auch Liebesbeziehungen zwischen reifen Männern werden zum Thema von Liebesgedichten. Bekanntestes Beispiel hierfür ist die Beziehung des persischen Dichters Dschelaleddin Rumi zu seinem Freund, dem Wanderderwisch Schamsaddin, dem er 1244 im zentralanatolischen Konya begegnete. Die tief geistige, mystische, aber auch bis in den Wahnsinn gesteigerte Liebe zu Schamsaddin beherrschte seitdem Rumis Leben und Schaffen und inspirierte ihn zu zahllosen Gedichten. Die Beziehung zwischen Rumi und Schamsaddin wurde mit der mythischen Liebe zwischen Gilgamesch und Enkidu verglichen.[6]

Nicht alle vordergründig homoerotischen Gedichte können allerdings als Gedichte eines Mannes an einen Mann interpretiert werden: Manchmal sind die besungenen Geliebten in den Gedichten nur grammatisch maskulin, in Wirklichkeit richtet sich das Gedicht aber doch an eine Frau. Diese Indifferenz beim Geschlecht des angesprochenen Geliebten ist ebenfalls typisch für die orientalische Liebesdichtung.[7]

Die Geheimnisse der Liebe zu bewahren war für Liebende oft lebenswichtig. Zu gefährlich war es, angesichts von Wächtern, Neidern, Ehemännern oder anderen Gestalten, die auch in den Gedichten immer wieder genannt werden, die Liebe zu offenbaren. Dem Liebestheoretiker Ibn Hasm (gest. 1064) zufolge ist das Geheimnis sogar eine Bedingung für eine erfolgreiche Beziehung.[8] Entsprechend handeln die allermeisten orientalischen Liebesgedichte von unmöglichen, unerfüllbaren oder unglücklichen Beziehungen, von der Trennung der Liebenden und dem damit verbundenen Leiden bis hin zum Tod aus Liebeskummer.

Diese Thematik wird allerdings sehr unterschiedlich ausgeführt. Dem altarabischen Ideal folgend, steht der Dichter der vorislamischen Zeit am verlassenen Lagerplatz, wo die noch frischen Spuren des Lagers der Geliebten von der vergangenen Liebesnacht zeugen. Seine Klage über die unwiederbringlich verlorene Liebe ist paradigmatisch für das «arabische Arkadien», die idealisierte Beduinengesellschaft der Wüste des zentralarabischen Hochlands. Mit den gesellschaftlichen und mentalitätsgeschichtlichen Umwälzungen der ersten islamischen Jahrzehnte entstehen im 7. und 8. Jahrhundert zwei große dichterische Bewegungen: die der Udhriten, eines Dichterstammes, der den Liebestod als letzte Konsequenz der Hingabe an eine unerreichbare Geliebte idealisiert. Heinrich Heine hat diesen Dichtern, «welche sterben, wenn sie lieben», in seinem Gedicht *Der Asra* ein Denkmal gesetzt. Im Gegensatz dazu beschreiben Dichter der «hidschasischen» Bewegung realistisch ihre Rendezvous, die mit der Vereinigung der Liebenden enden. In der weiteren Entwicklung greift ein immer stärkerer Individualismus Raum. Schon die arabische Liebesdichtung des 9. und 10. Jahrhunderts lässt sich kaum mehr in feste Schemata einordnen. Um so mehr gilt dies für die Wege, die die Liebesdichtung in Andalusien, Persien, Afghanistan, in Ägypten, Marokko, Syrien, dem Irak, in Armenien und der Türkei vom Altertum bis in die Moderne genommen hat.

Es ist aber wichtig, zu bemerken, dass alle diese Entwicklungen ohne Ausnahme auf dem höchsten dichterischen Niveau stattfanden. Schon vor Jahrhunderten waren Dichterinnen und Dichter des Orients hervorragend ausgebildet, produzierten Texte auf höchstem literarischem Niveau und genossen in ihrem Umfeld große Anerkennung und Achtung. Es war und ist die poetische Qualität der orientalischen Liebesdichtung, die die Poesie aller Zeiten und Sprachen beeindruckt und befruchtet hat. So ließen sich französische Troubadoure von andalusischen Liebesliedern inspirieren, und die deutsche Klassik wäre ohne die Liebesdichtung eines Hafis oder Nisami anders verlaufen. Orientalische Liebesdichtung ist Weltliteratur.

Die Grenzen der Liebesdichtung hin zu anderen Genres sind fließend: Ein und dasselbe Liebesgedicht kann religiös, philosophisch, mystisch, aber auch panegyrisch gedeutet werden. Mystische Gedichte changieren generell zwischen Gottesliebe und irdischer Liebe; ob der geliebte Mensch oder Gott angeredet wird, lässt sich oft nicht eindeutig entscheiden. Aus der ganzen Natur spricht ja die Sehnsucht nach liebender Vereinigung mit dem Schöpfer. Das Geheimnis der Liebesvereinigung klingt aus dem Ton der Rohrflöte, die sich nach dem lebendigen Schilfrohr sehnt, aus dem sie geschnitten wurde – eines der zentralen Motive der islamischen Mystik. Aber auch die ganze Schöpfung ist ein Laut göttlicher Musik. Der persische Mystiker Rumi (gest. 1273) bildete hierfür die Chiffre des «Reigentanzes», den Annemarie Schimmel mit folgenden Worten erklärt: «Der Reigen und die Musik hier auf Erden (wird) zur Wiederholung jener ersten liebenden Anrede Gottes (…); der Reigen ist ein Fenster, eine Leiter zum Himmel, um ihn (d.i. den Menschen bzw. den Mystiker) wieder zurückzubringen in das verlorene Paradies der unmittelbaren Gottesnähe.»[9] Rumi verglich sich selbst mit einem Musikinstrument, das nur der Atem Gottes oder die Berührung des Freundes zum Schwingen bringen konnten. Es ist kein Zufall, dass gerade Rumis Sufi-Orden, die Mevlevi-Derwische, Musik und Tanz bis zur Ekstase als wesentliches Element ihrer Gottesdienste kultivierten und bis heute in atemberaubenden Darbietungen zur Aufführung bringen.

Ein weiteres Beispiel für die Mehrdeutigkeit der Liebesgedichte bietet der Andalusier Ibn Arabi. In seinen Liebesgedichten aus dem 13. Jahrhundert überlagern sich erotische, mystische und philosophische Bildschichten. Auf der Pilgerfahrt nach Mekka hatte sich Ibn Arabi in eine junge Perserin verliebt. Zahllose Liebesgedichte entstanden. Später schrieb der Dichter selbst umfangreiche und komplizierte Kommentare, in denen er seine eigenen Liebesgedichte mystisch umdeutete.[10]

Auch das Lob eines Fürsten, Kalifen, Mäzens oder Gönners kommt oft im Kleid eines Liebesgedichts daher. Der Perser Hafis (gest. 1389) zum Beispiel verwendete die erotische Bilderwelt für panegyrische Zwecke, so dass «nicht nur der verherrlichte Geliebte für den Fürsten, sondern auch umgekehrt der gepriesene Herrscher für den Geliebten stehen kann».[11] Ähnliches gilt auch für den Syrer Abu Firas (gest. 968). Aus byzantinischer Gefangenschaft richtete er Gedichte an seinen Cousin, den Herrscher von Aleppo, in der Hoffnung, jener würde etwas zu seiner Befreiung unternehmen. Diese Verse kursieren heute in Internet-Foren als beliebte Liebesgaben. Der afghanische Stammesdichter Choschhal Chan Chattak wiederum verbindet in seinen Liebesgedichten die klassischen Liebesthemen mit kämpferischen Aufrufen und dem Lob seiner Heimat.

So kann jeder Hörer das orientalische Liebesgedicht auf seine und ihre Lebenswelt beziehen, kann die ferne Freundin, den schönen Sklaven, den unerreichbaren Herrscher oder den Allmächtigen als angesprochenen Geliebten auffassen. Diese Vieldeutigkeit, die Offenheit nach allen Seiten, ist in der orientalischen Liebesdichtung Programm. Und sie ist sicher einer der wichtigsten Gründe für ihre enorme Breitenwirkung.

Die orientalische Liebesdichtung begegnet uns in vielfältigen Formen, was bei der großen historischen und geographischen Spannweite der zu ihr gehörenden Sprachen und Literaturen kaum verwundern kann. Dennoch gibt es, zumindest für die vormoderne Zeit, eine Grundform: die klassische arabische Kasside *(qaṣīda)*. Die Kasside ist geprägt durch den durchgehenden Monoreim, der zusätzlich den ersten Halbvers markiert (Reimschema a-a-b-a-c-a-d-a etc.), sowie durch eine ausgefeilte quantitierende Metrik. Lange und kurze Silben entsprechen in etwa dem Wechsel von betonten und unbetonten Silben im deutschen Gedicht. Aus diesen Silben werden 16 kanonische Versmaße gebildet. Neben der Langform der Kasside mit vielen aufeinanderfolgenden Themen in oft über 100 Versen gibt es die kürzere Form des Ghasels *(ġazal)*. Das Ghasel ist ganz der Liebesthematik gewidmet. Die Form wurde in die persische Literatur übertragen, kam dort zu einer Hochblüte und wurde vom Persischen durch Dichter wie Friedrich Rückert in die deutsche Literatur eingeführt. Kasside und Ghasel waren bis zum Beginn der Moderne die vorherrschenden poetischen Formen in der arabischen, persischen und osmanisch-türkischen Dichtung bis hin zum Urdu und Paschto.

In der persischen Dichtung sind vor allem zwei eigene Entwicklungen hervorzuheben: Zunächst die Gattung Mathnawi *(maṯnawī)*, in der Doppelverse nach dem Reimschema a-a-b-b-c-c aufeinanderfolgen. Da hierbei die Hürde des Monoreims wegfällt, können nach diesem Schema Versepen oder Erzählgedichte unbegrenzter Länge komponiert werden. Im Gegensatz dazu steht die Kurzform des persischen Vierzeilers (arab.-pers. *rubāʿī)*: zwei nach klassischem arabischem Reimschema aufgebaute Verse, als wären sie die Anfangsverse einer langen Kasside. Jeder Vers besteht aus zwei Halbversen, die nun als vier selbständige Halbverse untereinanderstehen. Am Ende des ersten Halbverses steht, den Konventionen der klassischen Kasside folgend, der Monoreim des ganzen Gedichts, der sich am Ende des zweiten und vierten Halbverses wiederholt. Nur der dritte Halbvers ist ungereimt (Reimschema a-a-x-a). Die Stärke des Vierzeilers liegt in seiner Kürze. Mit seiner bündigen und vielfach unorthodoxen, ja häretischen Aussage ist er das Gegenstück zu den langen Kassiden, in denen sich Metapher an Metapher reiht und deren Reiz gerade in der ausführlichen Variation bekannter Themen von Liebesschmerz bis Fürstenlob liegt. Besondere Bekanntheit erlangten die Vierzeiler Omar Chayyams (gest. um 1130). Der Mathematiker und Astronom fasste seinen Skeptizismus, seine Religionskritik, seine Lebensfreude und Weinseligkeit und auch seine Gedanken über die Liebe in Vierzeiler, die oft Anstoß erregten.

Die türkische Dichtung nahm um 1300 mit dem Mystiker Yunus Emre ihren Anfang. In schlichten, volkstümlichen Versen sang und dichtete er zum ersten Mal in türkischer Sprache. Das Osmanisch-Türkische wurde damals noch mit arabischen Buchstaben geschrieben und enthielt so viele persische und arabische Fremdwörter, dass es ohne Kenntnis dieser beiden Sprachen kaum zu verstehen ist. Das Spiel mit diesen Fremdwörtern und ihren mehrfachen Bedeutungen brachte die türkische *Diwan*-Poesie *(divan edebiyatı)* zur Perfektion: «Wie ein Miniaturmaler die von alters her vorhandenen Motive wiederholt und ihnen nur durch zarte Biegungen der Gewandfalten, durch leise Schattierungen eine eigene Note verleiht, wie der Schönschreiber die seit Jahrhunderten geübten Buchstaben in genau vorgeschriebenen Formen schreibt und doch in einem winzigen Bogen, in einer hauchdünnen Linie seinen eigenen unverwechselbaren Charakter darin kundtut, so auch der klassische türkische Dichter.»[12]

Der Weg der orientalischen Dichtung in die Moderne ist von der Begegnung mit den Literaturen des Abendlands im 19. und 20. Jahrhundert geprägt. Die Formen, Themen, Bilder und Metaphern der klassischen Dichtung wurden nun als altmodisch empfunden. Überall im Orient entstanden Reformbewegungen, die sich mit der Erneuerung des intellektuellen und literarischen Lebens befassten. Die türkische Dichtung begann sich schon um 1900 von überkommenen Symbolen loszumachen. Die kurz darauf folgenden Revolutionen in der Türkei trugen das Ihre zum Umbruch in der Dichtung und zur Lösung von der hohen Dichtersprache bei. In der persischen Dichtung finden wir den ersten Schritt in die Moderne im Jahr 1921, als zum ersten Mal ein Gedicht mit formalen Neuerungen erscheint, für heftige Diskussionen sorgt und letztlich den Weg zur Modernisierung der Dichtung bahnt.[13] Der größte Einschnitt in der arabischen Dichtung war das Aufkommen der sogenannten *free-verse*-Dichtung (arab. *aš-ši'r al-ḥurr*), die die starr festgelegte klassische Metrik reformierte, wohlgemerkt nicht außer Kraft setzte. Statt mit festgefügten Versen arbeiteten die Dichter der *free-verse*-Bewegung mit den einzelnen Versfüßen (arab. *taf'īla*), die sie frei kombinierten. Diese Emanzipation der Dichtung von ihren Wurzeln, ohne jene zu verleugnen, führte zu einer charakteristischen Eigenständigkeit der modernen arabischen Lyrik. Die Bewegung begann 1947 im Irak und setzt sich bis heute in der zeitgenössischen Dichtung der arabischen Welt fort. Daneben existieren heute zwischen Marokko und Pakistan vielfältige poetische Strömungen, die die modernen Dichtungen des Orients auf Weltniveau gebracht haben – die klassischen waren es ohnehin stets – und auch zunehmend international wahrgenommen werden.

Doch auch vor der Moderne lassen sich moderne Tendenzen in der orientalischen Liebeslyrik beobachten. So sind die seit dem 13. Jahrhundert entstandenen armenischen Hairene Ausdruck einer Liebe, die nur die Gebote des Herzens befolgt und sich keiner anderen Moral unterstellt. In ihnen klingt, wie die Übersetzer bemerkt haben, der «Grundtenor der Renaissance». Und so manches klassische arabische, persische oder türkische Gedicht wirkt aufgrund seiner mutigen Gedankengänge, unkonventionellen Bilder oder neuen Themen heute wieder sehr modern.

Eine Auswahl wie diese wäre ohne die Leistung der Übersetzer undenkbar. Bei der Lyrikübersetzung obliegt ihnen die schwere und zugleich wundervolle Aufgabe, die Literatur der Zielsprache nicht nur um die Übersetzung eines fremdsprachigen Gedichts, sondern im besten Fall um ein neues Gedicht zu bereichern. «Der wahre Übersetzer (…) muß der Dichter des Dichters seyn», forderte schon der Romantiker Novalis in seinem häufig zitierten 68. *Blüthenstaub*-Fragment. In der Auseinandersetzung mit der Dichtung des Orients stehen Übersetzer oft vor schier unüberwindbaren Differenzen. Zu unterschiedlich scheinen die Bilder und Assoziationen, die die eine Sprache in der anderen auslöst. Manchmal kann eine Übersetzung diese Differenzen nicht überwinden, sondern nur die Unmöglichkeit ihrer Überwindung aufzeigen. «Aber es ist hier, im Unmöglichen, wo das Übersetzen beginnt: die Annäherung an Kulturen als ein Wachhalten und Bewußtwerden ihrer Differenz», so der Übersetzer Klaus Reichert in einer kürzlich erschienenen Publikation über das Übersetzen arabischer Dichtung.[14]

Aus diesem Band wird daher auch eine kleine Geschichte der Übersetzungen orientalischer Dichtung ersichtlich: Sie beginnt im 16. Jahrhundert bei dem großen Übersetzer und Übersetzungstheoretiker Martin Luther und führt über die prägenden literarischen Persönlichkeiten der deutschen Orientalistik des 19. und 20. Jahrhunderts – Friedrich Rückert, Annemarie Schimmel – bis zu modernen zweisprachigen Dichter-Übersetzern wie Adel Karasholi oder Zafer Şenocak. Der Thematik des Übersetzens ist denn auch die Zusammenstellung von sieben verschiedenen Übertragungen eines Verses des Hohen Liedes in diesem Band gewidmet: Zwischen der kurzen und bündigen Übersetzung eines Johann Wolfgang von Goethe, der barocken Nachdichtung von Martin Opitz und Manfred Hausmanns moderner Nachschöpfung liegen Welten.

Für tätige Mithilfe und fruchtbringende Diskussionen danke ich meinem Lektor, Ulrich Nolte, sowie den Mitarbeiterinnen und Mitarbeitern im Verlag C. H. Beck. Wertvolle Hinweise zu einzelnen Gedichten verdanke ich Andrea Schmidt (Louvain), Qustandi Shomali (Bethlehem), Alma Giese (Harvard), Muhammad Mas'ad (Köln), Tarek Marestani (Celle), Leni Mercier (Celle), Gabriele und Heinz-Georg Gottschalk (Beedenbostel), Lutz Rzehak (Berlin) und Thomas Bauer (Münster). Die beiden letztgenannten steuerten eigene, hier erstmals veröffentlichte Übersetzungen bei, wofür ich ihnen zu großem Dank verpflichtet bin.

Zum Schluss noch ein Wort – oder besser: eine kleine Geschichte – zur Entstehung dieses Buches. Papier kann eine besondere Aura ausstrahlen. Schon bei der Übersetzung von *Tausendundeiner Nacht* hatte ich lange nach dem richtigen Papier gesucht, um meine Übersetzung darauf niederschreiben zu können. Damals musste es ein echtes ägyptisches Papier sein, das war klar; auf der Suche nach diesem Papier und bis zum Entstehen von fünf handwerklich perfekt gefertigten Ziegenlederbänden erlebte ich in Kairo so manches Abenteuer. Für den vorliegenden Gedichtband war ich gerade auf der Suche nach dem passenden Beschreibstoff, als mich folgender Brief erreichte:

«Liebe Frau Dr. Ott, ganz herzlichen Dank für Ihren so netten Brief! Ihr so lebendiges Nachwort zu den 1001 Nächten! Mit Ihrer Suche nach einem bestimmten Papier brachten Sie mich auf einen Gedanken: Seit etlichen Jahrzehnten liegt bei mir im Schrank ein Blanko-Heft aus Afghanistan. Mein Lehrmeister hat mir das mal geschenkt. Es hat einen ganz einfachen Leineneinband, nicht mehr ganz frisch, solide Fadenheftung, Format ca. 32 x 20 cm und etwa 100 Seiten sehr, sehr schönes, einheimisches Schreibpapier. Auf der ersten und letzten Seite gibt es einen längeren arabischen (?) Text, jede Seite ist von Hand arabisch nummeriert. Auf der ersten Seite hat mein Lehrmeister nur mal in verschiedenen Farben mit seiner Unterschrift anscheinend die Tintenfestigkeit probiert, aber sonst ist alles unbenützt. Wäre das etwas für Sie? Hier liegt es nur rum, und das ist eigentlich schade.»

Auf mein Dankschreiben und die gleichzeitige Nachfrage, was für eine Geschichte hinter dem geheimnisvollen Blanko-Buch und seinem Vorbesitzer, dem «Lehrmeister», steckte, erhielt ich folgende Antwort:

«Mein Lehrmeister hieß Gerhard Muchow, er arbeitete für das damalige Auswärtige Amt in Berlin als Restaurator für Bilder, Figuren und Möbel, u. a. 1920–1927 für den König Aman Ullah in Kabul. 1927 wurde der König gestürzt, vom letzten Gehalt kaufte mein Meister ein Motorrad mit Beiwagen und fuhr mit seinem ganzen Gepäck über Gebirge und durch Wüsten alleine wieder nach Berlin (…) Mein Lehrmeister hat oft noch begeistert erzählt. Er hatte auch extra einen der Landesdialekte gelernt, um den Märchenerzählern folgen zu können. Noch nach dem letzten Krieg bekam er einen Brief von einem seiner Diener und Gehilfen, auf Deutsch unterschrieben: ‹Sahib, wann kommst du wieder? Dein Mirabudim, Räuber› – und das muss wirklich ein normaler Beruf bei einem stolzen Bergstamm gewesen sein. Ich habe auch einige Fotos und zwei ganz zauberhafte, kleine Ölgemälde vom Bazar in Kabul und vom Pachman-Gebirge von meinem Meister. – Und was mag heute daraus geworden sein??»

Ja, was ist heute daraus geworden? Von Algerien über Palästina und den Irak bis nach Afghanistan herrscht Unfrieden, teils blanke Not. Und doch strahlt mitten in dieser Not ab und zu ein Liebesgedicht auf, hinter dem sich nicht selten subtile politische Kritik verbirgt. Aber nein, es ist nicht eines, sondern Hunderte, Zehntausende! Immer noch sind die orientalischen Kulturen verliebt in die Dichtung; immer noch dichtet ein erheblich größerer Prozentsatz der Bevölkerung als im westlichen Kulturkreis, und immer noch gibt es im Orient unzählige perfekt ausgebildete Zuhörer und Genießer von Poesie, die Hunderte, Tausende von Versen im Gedächtnis bewahren, sie oft rezitieren und diesen Versen einen großen Teil ihres Seelenlebens verdanken und zuschreiben.

In das wohl hundert Jahre alte Blanko-Buch, das 1927 mit dem Motorrad von Kabul nach Berlin gebracht wurde, habe ich diese Aufzeichnungen, Gedichte, meine eigenen Übersetzungen und viele Kommentare geschrieben. Und der Druckbleistift, mit dem ich diese Zeilen niederschreibe, stammt von Friedrich Rückerts Schreibtisch in Neuses bei Coburg. Ich durfte ihn dort von einer Geburtstagsfeier bei Rückerts Urenkeln mitgehen lassen. Ich glaube, er ist gerne mitgegangen.

Beedenbostel, im Frühling 2008   Claudia Ott

Nachwort

Anmerkungen zum Nachwort

1 Malek Chebel: Die Welt der Liebe im Islam. Eine Enzyklopädie, Wiesbaden 2003, S. 14.

2 Arabischer Text siehe Joseph Hell: Al-ʿAbbās ibn al-Aḥnaf, der Minnesänger am Hofe Hārūn ar-Rašīd's. Islamica 2 (1926), 271–307, S. 294.

3 Tausendundeine Nacht. Nach der ältesten arabischen Handschrift in der Ausgabe von Muhsin Mahdi erstmals ins Deutsche übertragen von Claudia Ott, München 2004, S. 430.

4 Wie Wasser strömen wir. Die Rubaijat des Omar Chajjam. Ins Deutsche übertragen von Cyrus Atabay. Mit Graphiken von Josua Reichert, Düsseldorf 1984, Nachwort o. S.

5 Thomas Bauer: Liebe und Liebesdichtung in der arabischen Welt des 9. und 10. Jahrhunderts. Eine literatur- und mentalitätsgeschichtliche Studie des arabischen gazal, Wiesbaden 1998, S. 477.

6 Vgl. Annemarie Schimmel: Rumi – Ich bin Wind und du bist Feuer. Leben und Werk des großen Mystikers, 5. Auflage, München 1986, S. 20.

7 Vgl. Bauer, Liebe und Liebesdichtung (wie Anm. 5), S. 150 ff.

8 Vgl. Chebel, Die Welt der Liebe im Islam (wie Anm. 1), S. 148.

9 Schimmel: Rumi – Ich bin Wind und du bist Feuer (wie Anm. 6), S. 208.

10 Vgl. Alma Giese (Hrsg.): Ibn ʿArabī – Urwolke und Welt. Mystische Texte des Größten Meisters, München 2002, S. 227 ff.

11 Muhammad Schams ad-Din Hafis: Gedichte aus dem Diwan. Ausgewählt und herausgegeben von Johann Christoph Bürgel, Stuttgart 1977, S. 11.

12 Annemarie Schimmel: Aus dem goldenen Becher. Türkische Gedichte aus sieben Jahrhunderten. 2., überarbeitete Auflage, Köln 2002, S. 14 f.

13 Vgl. Kurt Scharf (Hrsg.): Der Wind wird uns entführen. Moderne persische Dichtung, München 2005, S. 24.

14 Klaus Reichert: Läßt sich Lyrik übersetzen? In: «Die Minze erblüht in der Minze». Arabische Dichtung der Gegenwart mit erläuternden Essays. Herausgegeben von Ilma Rakusa und Mohammed Bennis, München 2007, S. 66.

Quellenverzeichnis

1 *diwan* – Zeitschrift für arabische und deutsche Poesie, Heft 8: November 2006, S. 42. © diwan, Zeitschrift für arabische und deutsche Poesie, Berlin.

2 Das Gilgamesch-Epos. Neu übersetzt und kommentiert von Stefan M. Maul, München 2005, S. 52; 92. © Verlag C. H. Beck, München.

3 Emma Brunner-Traut: Die alten Ägypter. Verborgenes Leben unter Pharaonen, 4. Auflage, Stuttgart 1987, S. 81. © Kohlhammer Verlag GmbH, Stuttgart.

4 Altägyptische Liebeslieder. Mit Märchen und Liebesgeschichten. Eingeleitet und übertragen von Siegfried Schott, Artemis Verlag, Zürich 1950, S. 65.

5 Die Bibel, Hohelied, Verse 1,1–3; 2,2–3; 4,16; 5,1. Quelle: Gute Nachricht Bibel, revidierte Fassung, durchgesehene Ausgabe in neuer Rechtschreibung, S. 631 ff. © 2000 Deutsche Bibelgesellschaft, Stuttgart.

6 Erstveröffentlichung dieser Übersetzung. Arabischer Originaltext: Abū l-Ḥasan Ibn Aḥmad as-Sarī ar-Raffāʾ: Al-Muḥibb wa-l-maḥbūb wa-l-mašmūm wa-l-mašrūb. Herausgegeben von Miṣbāḥ Qalāwunǧī und Māǧid Ḥasan aḏ-Ḏahabī, Damaskus 1985–1986, Bd. I, S. 198 = Nr. 336.

7 Tausendundeine Nacht. Nach der ältesten arabischen Handschrift in der Ausgabe von Muhsin Mahdi erstmals ins Deutsche übertragen von Claudia Ott, 9., durchgesehene und überarbeitete Auflage, München 2007, S. 616 f. © Verlag C. H. Beck, München.

8 Tausendundeine Nacht. Nach der ältesten arabischen Handschrift in der Ausgabe von Muhsin Mahdi erstmals ins Deutsche übertragen von Claudia Ott, 9., durchgesehene und überarbeitete Auflage, München 2007, S. 637. © Verlag C. H. Beck, München.

9 Muhammad Schams ad-Din Hafis: Gedichte aus dem Diwan. Ausgewählt und herausgegeben von Johann Christoph Bürgel. Durchgesehene und bibliographisch ergänzte Ausgabe, Stuttgart 1977 (Reclams Universalbibliothek Nr. 9420[2]), S. 67–68 = Nr. 33. © United Nations Educational, Scientific and Cultural Organization (UNESCO) 1972.

10 Erstveröffentlichung dieser Übersetzung. Arabischer Originaltext: Abū Manṣūr ʿAbd al-Malik aṭ-Ṯaʿālibī: Yatīmat ad-dahr fī maḥāsin ahl al-ʿaṣr. Herausgegeben von Mufīd Muḥammad Qumayḥa, Beirut 1983, Bd. IV 4, S. 485.

11 Erstveröffentlichung dieser Übersetzung. Paschto-Originaltext nach einer handschriftlichen Aufzeichnung beim Übersetzer.

12 Tausendundeine Nacht. Nach der ältesten arabischen Handschrift in der Ausgabe von Muhsin Mahdi erstmals ins Deutsche übertragen von Claudia Ott, 9., durchgesehene und überarbeitete Auflage, München 2007, S. 185. © Verlag C. H. Beck, München.

13 Tausendundeine Nacht. Nach der ältesten arabischen Handschrift in der Ausgabe von Muhsin Mahdi erstmals ins Deutsche übertragen von Claudia Ott, 9., durchgesehene und überarbeitete Auflage, München 2007, S. 252. © Verlag C. H. Beck, München.

14 Nahapet Khutschak: Hundertundein Hairen. Zusammenstellung, Einleitung, interlineare Übersetzung ins Russische von Levon Mkrtschjan. Nachgedichtet von Annemarie Bostroem. Übersetzt von Horst Teweleit, Jerewan 1987, Nr. 7; 82; 86. © Verlag Sovetakan Grogh, Jerewan.

15 Der Wind wird uns entführen. Moderne persische Lyrik. Ausgewählt, übersetzt und eingeleitet von Kurt Scharf. Mit einem Nachwort von SAID, München 2005, S. 123. © Verlag C. H. Beck, München.

16 Hamâsa oder die ältesten arabischen Volkslieder. Gesammelt von Abu Temmâm, übersetzt und erläutert von Friedrich Rückert, Ausgabe in zwei Bänden, Verlag Gottlieb Liesching, Stuttgart 1846, Bd. 2, S. 77 f. (= Nr. 471).

17 Werner Arnold: Neue Lieder aus Maʿlūla. In: Werner Arnold und Hartmut Bobzin (Hrsg.): «Sprich doch mit deinen Knechten aramäisch, wir verstehen es!» 60 Beiträge zur Semitistik. Festschrift für Otto Jastrow zum 60. Geburtstag, Wiesbaden 2002, S. 32. © Otto Harrassowitz Verlag GmbH & Co. KG, Wiesbaden.

18 Erstveröffentlichung dieser Übersetzung. Arabischer Originaltext: Nizār Qabbānī: al-Aʿmāl aš-šiʿriyya al-kāmila, 12. Auflage, Beirut 1983, Bd. I, S. 263.

19 Hamâsa oder die ältesten arabischen Volkslieder. Gesammelt von Abu Temmâm, übersetzt und erläutert von Friedrich Rückert, Ausgabe in zwei Bänden, Verlag Gottlieb Liesching, Stuttgart 1846, Bd. 2, S. 73 (= Nr. 467).

20 Erstveröffentlichung dieser Übersetzung. Arabischer Originaltext: Maḥmūd Darwīš: Ka-zahri l-lawzi aw abʿad, Beirut 2005, S. 117. © Riad El-Rayyes Books S.A.R.L.

21 Tausendundeine Nacht. Nach der ältesten arabischen Handschrift in der Ausgabe von Muhsin Mahdi erstmals ins Deutsche übertragen von

Claudia Ott, 9., durchgesehene und überarbeitete Auflage, München 2007, S. 425. © Verlag C. H. Beck, München.

22 Erstveröffentlichung dieser Übersetzung. Arabischer Originaltext: Ibn ʿArabī: Daḫāʾir al-aʿlāq – Šarḥ Tarǧumān al-ašwāq. Herausgegeben von M. ʿAbdarraḥmān al-Kurdī, Kairo 1968, S. 233.

23 Erstveröffentlichung dieser Übersetzung. Arabischer Originaltext: Dīwān Abī Firās al-Ḥamdānī. Herausgegeben von Sāmī ad-Dahhān, Beirut 1944, Bd. II, S. 24–25.

24 Hellmut Ritter: Nachdichtungen persischer Poesie. In: Festschrift Georg Jacob zum siebzigsten Geburtstag: 26. Mai 1932; gewidmet von Freunden und Schülern. Herausgegeben von Theodor Menzel, Verlag Otto Harrossowitz, Leipzig 1932, S. 223 f. (gekürzt).

25 Hamāsa oder die ältesten arabischen Volkslieder. Gesammelt von Abu Temmâm, übersetzt und erläutert von Friedrich Rückert, Ausgabe in zwei Bänden, Verlag Gottlieb Liesching, Stuttgart 1846, Bd. 2, S. 109 (= Nr. 530).

26 Tausendundeine Nacht. Nach der ältesten arabischen Handschrift in der Ausgabe von Muhsin Mahdi erstmals ins Deutsche übertragen von Claudia Ott, 9. durchgesehene und überarbeitete Auflage, München 2007, S. 278. © Verlag C. H. Beck, München.

27 Annemarie Schimmel: Aus dem goldenen Becher. Türkische Gedichte aus sieben Jahrhunderten, 2., überarbeitete Auflage, Köln 2002, S. 95. © Önel-Verlag, Köln.

28 Die Farbe der Ferne. Moderne arabische Dichtung. Herausgegeben und übersetzt von Stefan Weidner, München 2000, S. 84. © Verlag C. H. Beck, München.

29 Die Farbe der Ferne. Moderne arabische Dichtung. Herausgegeben und übersetzt von Stefan Weidner, München 2000, S. 161. © Verlag C. H. Beck, München.

30 Georg Bossong: Das Wunder von al-Andalus. Die schönsten Gedichte aus dem Maurischen Spanien, München 2005, S. 220. © Verlag C. H. Beck, München.

31 Martin Luther: Das Hohelied Salomonis, Lutherbibel, Wittenberg 1545. – Martin Opitz: Gesammelte Werke. Kritische Ausgabe, herausgegeben von Georg Schulz-Behrend, Verlag Anton Hiersemann, Stuttgart 1989. – Moses Mendelssohn: Gesammelte Schriften, Band 10,1: Schriften zum Judentum IV, Friedrich Frommann Verlag (Günther Holzboog), Stuttgart 1985. – Johann Gottlob Wilhelmi: Versuch einer poetischen Übersetzung des Hohenliedes Salomo, Verlag Bernhard Christoph Breitkopf und Sohn, Leipzig 1764. – Der Gesang der Gesänge, IV,9. In: Die Schriftwerke. Verdeutscht von Martin Buber. Die fünf Rollen (darin Gesang der Gesänge), Verlag Jakob Hegner, Köln & Olten o. J. [1954]. © Gütersloher Verlagshaus, Gütersloh, in der Verlagsgruppe Random House

GmbH, München – Das Lied der Lieder, das man dem König Salomo zuschreibt. Übertragen von Manfred Hausmann, S. Fischer Verlag, Frankfurt am Main, 1958. – Johann Wolfgang von Goethe: Gedenkausgabe der Werke, Briefe und Gespräche, 28. August 1949, herausgegeben von Ernst Beutler, Band 15. Übertragungen. Artemis Verlag, Zürich, 1964.

32 Mahmoud Darwish: wo du warst und wo du bist. Aus dem Arabischen von Adel Karasholi, München 2004, S. 88. © A1 Verlag, München.

33 Georg Bossong: Das Wunder von al-Andalus. Die schönsten Gedichte aus dem Maurischen Spanien, München 2005, S. 216. © Verlag C. H. Beck, München.

34 Tausendundeine Nacht. Nach der ältesten arabischen Handschrift in der Ausgabe von Muhsin Mahdi erstmals ins Deutsche übertragen von Claudia Ott, 9., durchgesehene und überarbeitete Auflage, München 2007, S. 189. © Verlag C. H. Beck, München.

35 Deine Liebe … ist mit meinem Leib vermischt. Übersetzung und Nachdichtung von Hannelore Kischkewitz. Neubearbeitung 2003. Herausgegeben von Wilfried Stolze, Berlin 2003, S. 22. © Hannelore Kischkewitz.

36 Al-Halladsch – «O Leute, rettet mich vor Gott». Texte islamischer Mystik, herausgegeben, eingeleitet und übersetzt von Annemarie Schimmel, Herder spektrum Bd. 4454, Freiburg 1995, S. 80. © Verlag Herder, Freiburg im Breisgau.

37 Dschelaluddin Rumi: Sieh! Das ist Liebe. Gedichte aus dem Persischen von Annemarie Schimmel, mit Illustrationen von Ingrid Schaar, Basel 1993, S. 73 f. © Sphinx Verlag im Heinrich Hugendubel Verlag, Kreuzlingen/München.

38 Erstveröffentlichung dieser Übersetzung. Arabischer Originaltext: Abū Manṣūr ʿAbd al-Malik aṯ-Ṯaʿālibī: Yatīmat ad-dahr fī maḥāsin ahl al-ʿaṣr. Herausgegeben von Mufīd Muḥammad Qumayḥa, Beirut 1983, Bd. II, S. 305.

39 Annemarie Schimmel: Aus dem goldenen Becher. Türkische Gedichte aus sieben Jahrhunderten, 2., überarbeitete Auflage, Köln 2002, S. 189. © Önel-Verlag, Köln.

40 Annemarie Schimmel: Nimm eine Rose und nenne sie Lieder. Poesie der islamischen Völker, herausgegeben und aus dem Arabischen und Persischen von Annemarie Schimmel, Frankfurt am Main 1995, S. 33. © der deutschen Ausgabe Insel Verlag, Frankfurt am Main und Leipzig 2004.

41 Margaret Smith: Rabi'a von Basra «Oh, mein Herr, Du genügst mir!» Heilige Frauen im Islam. Übersetzung von Inge von Wedemeyer. Vorwort von Annemarie Schimmel, Überlingen 1997, S. 48; 76. © Geistfeuer Verlag Gabriele Beyer, Überlingen.

42 Friedrich Rückert: Werke in sechs Bänden, herausgegeben von Conrad Beyer, Max Hesse's Verlag, Leipzig 1900, Band 4, Nr. II.

43 Friedrich Rückert: Werke in sechs Bänden, herausgegeben von Conrad Beyer, Max Hesse's Verlag, Leipzig 1900, Band 4, Nr. IX.

44 Annemarie Schimmel: Aus dem goldenen Becher. Türkische Gedichte aus sieben Jahrhunderten, 2., überarbeitete Auflage, Köln 2002, S. 47. © Önel-Verlag, Köln.

45 Annemarie Schimmel: Gärten der Erkenntnis. Das Buch der vierzig Sufi-Meister. Köln 1982, S. 143. © Eugen Diederichs Verlag im Heinrich Hugendubel Verlag, Kreuzlingen/München.

46 Muhammad Schams ad-Din Hafis: Gedichte aus dem Diwan. Ausgewählt und herausgegeben von Johann Christoph Bürgel, durchgesehene und bibliographisch ergänzte Ausgabe, Stuttgart 1977 (Reclams Universalbibliothek Nr. 9420[2]), S. 20.

47 Lyrik des Ostens. Herausgegeben von Wilhelm Gundert, Annemarie Schimmel und Walther Schubring, München 1952, S. 93. © Verlag Carl Hanser, München.

48 Erstveröffentlichung dieser Übersetzung. Paschto-Originaltext: Raḥmān Bābā, Diwan, Kabul 1356, S. 40–41.

49 Omar Chajjam: Wie Wasser im Strom, wie Wüstenwind. Gedichte eines Mystikers. Herausgegeben von Khosro Naghed (übersetzt nach der Bodley'schen Handschrift von Walter von der Porten), Meerbusch 1992, Nr. 10. © Edition Orient, Meerbusch 1992. Zuerst erschienen 1927 unter dem Titel «Die Vierzeiler des Omar Chajjam» im Verlag Friederichsen in Hamburg/Verlag de Gruyter, Berlin.

50 Annemarie Schimmel: Aus dem goldenen Becher. Türkische Gedichte aus sieben Jahrhunderten, 2., überarbeitete Auflage, Köln 2002, S. 43. © Önel-Verlag, Köln.

51 Erstveröffentlichung dieser Übersetzung. Arabischer Originaltext: Muḥammad Bannīs: Al-Aʿmāl al-šiʿriyya II: Kitāb al-Ḥubb, taqāṭuʿāt fī diyāfat Ṭawq al-Ḥamāma li-bn Ḥazm al-Andalusī, Casablanca 1995, S. 270–272. © Dār Tūbqāl, Casablanca 2005.

52 Khalil Gibran: Der Prophet. Aus dem Englischen von Karin Graf, 37. Auflage, Walter Verlag, Düsseldorf und Zürich 2000, S. 13. © Patmos Verlag GmbH & Co. KG, Düsseldorf (gekürzt).

53 Erstveröffentlichung dieser Übersetzung. Arabischer Originaltext: Ḥalīl Muṭrān: Dīwān al-Ḥalīl. Beirut 1975–1977, Bd. III, S. 497.

54 Erstveröffentlichung dieser Übersetzung. Arabischer Originaltext: Fārūq Šūša: Aḥlā 20 qaṣīdat ḥubb fī š-šiʿr al-ʿarabī, Kairo/Beirut 1973, S. 83.

55 Erstveröffentlichung dieser Übersetzung. Arabischer Originaltext: Dīwān Abī Tammām bi-šarḥ al-Ḥaṭīb at-Tibrīzī. Herausgegeben von Muḥammad ʿAbduh ʿAzzām, Kairo 1957–65, Bd. IV, S. 253 (= Nr. 303).

56 Erstveröffentlichung dieser Übersetzung. Paschto-Originaltext: Də-Raḥmān Bāba Kulliyāt. Herausgegeben von Dōst Muhammad Ḫān Kāmil Mōmand; Qalandar Mōmand, Peschwar 1984, S. 25.

57 Al-Halladsch – «O Leute, rettet mich vor Gott». Texte islamischer Mystik, herausgegeben, eingeleitet und übersetzt von Annemarie Schimmel, Herder spektrum Bd. 4454, Freiburg 1995, S. 61. © Verlag Herder, Freiburg im Breisgau.

58 Erstveröffentlichung dieser Übersetzung. Arabischer Originaltext: Der Dīwān des Abū Nuwās, Teil IV. Herausgegeben von Gregor Schoeler, Beirut 2003, S. 210 (= Nr. 92).

59 Erstveröffentlichung dieser Übersetzung. Arabischer Originaltext: Nizār Qabbāni: al-Aʿmāl aš-šiʿriyya al-kāmila, 12. Auflage, Beirut 1993, Bd. I, S. 737.

60 Ibn Hazm al-Andalusi: Das Halsband der Taube. Von der Liebe und den Liebenden. Aus dem Arabischen übertragen von Max Weisweiler, Frankfurt am Main 1961, S. 14. © der deutschen Ausgabe Insel Verlag, Frankfurt am Main und Leipzig 1961.

61 Joseph von Hammer-Purgstall: Motenebbi, der größte arabische Dichter, zum ersten Mahle ganz übersetzt von Joseph von Hammer, Verlag J. G. Heuber, Wien 1824, S. 14 (= Nr. 12).

62 Lob der Geliebten. Klassische persische Dichtungen. Herausgegeben und aus dem Persischen übersetzt von Werner Sundermann. Nachgedichtet von Martin Remané, Berlin 1983, S. 11. © Aufbau Verlagsgruppe GmbH, Berlin 1968 (das Werk erschien erstmals 1968 bei Rütten & Loening Berlin).

63 Georg Bossong: Das Wunder von al-Andalus. Die schönsten Gedichte aus dem Maurischen Spanien, München 2005, S. 201. © Verlag C. H. Beck, München.

64 Georg Bossong: Das Wunder von al-Andalus. Die schönsten Gedichte aus dem Maurischen Spanien, München 2005, S. 156–157. © Verlag C. H. Beck, München.

65 Omar Chajjam: Wie Wasser im Strom, wie Wüstenwind. Gedichte eines Mystikers. Herausgegeben von Khosro Naghed (übersetzt nach der Bodley'schen Handschrift von Walter von der Porten), Meerbusch 1992, Nr. 118. © Edition Orient, Meerbusch. Zuerst erschienen 1927 unter dem Titel «Die Vierzeiler des Omar Chajjam» beim Verlag Friederichsen in Hamburg/Verlag de Gruyter, Berlin.

66 Omar Chajjam: Wie Wasser im Strom, wie Wüstenwind. Gedichte eines Mystikers. Herausgegeben von Khosro Naghed (übersetzt nach der Bodley'schen Handschrift von Walter von der Porten), Meerbusch 1992, Nr. 149. © Edition Orient, Meerbusch. Zuerst erschienen 1927 unter dem Titel «Die Vierzeiler des Omar Chajjam» beim Verlag Friederichsen in Hamburg/Verlag de Gruyter, Berlin.

67 Klabund: Der Feueranbeter. Nachdichtung des Hafis, Roland-Verlag, München 1919, S. 5 (Kleine Roland-Bücher, Band 12).

68 Johann Wolfgang von Goethe: Westöstlicher Divan, in: Werke, Bd. 2: Gedichte und Epen, 2. Band, Verlag C. H. Beck, München 1981, S. 28.

69 Georges Schehadé: Poesie I–VII. Französisch – Deutsch. Aus dem Französischen von Jürgen Brôcan, Berlin 2006, S. 117. © Verlag Hans Schiler, Berlin.

70 Ein Buch namens Freude. Gedichte von Frauen aus der islamischen Welt. Ausgewählt, übersetzt und mit einer Einleitung von Annemarie Schimmel. Herausgegeben von Gudrun Schubert, München 2004, S. 62. © Verlag C. H. Beck, München.

71 SAID: Sei Nacht zu mir. Liebesgedichte, München 1998, S. 19. © Verlag C. H. Beck, München.

72 Lyrik des Ostens. Herausgegeben von Wilhelm Gundert, Annemarie Schimmel und Walther Schubring, München 1952, S. 129 f. © Verlag Carl Hanser, München.

73 Erstveröffentlichung dieser Übersetzung. Arabischer Originaltext: Fadwā Ṭūqān: Tammūz wa-š-šayʾ al-āḫar, Amman 1987, S. 95–96.

74 Erstveröffentlichung dieser Übersetzung. © Thomas Bauer. Arabischer Originaltext: Uways al-Ḥamawī: Sukkardān al-ʿuššāq, Ms. Berlin 8407, fo. 148b; Ibrāhīm al-Miʿmār: Dīwān. Ms. El Escorial árabe 463, fo. 25b.

75 Die Farbe der Ferne. Moderne arabische Dichtung. Herausgegeben und übersetzt von Stefan Weidner, München 2000, S. 232. © Verlag C. H. Beck, München.

76 Erstveröffentlichung dieser Übersetzung. Arabischer Originaltext: Amal al-Ǧubūrī: Hāǧar qabla l-iḥtilāl – Hāǧar baʿda l-iḥtilāl, Beirut 2008, S. 37.

77 Erstveröffentlichung dieser Übersetzung.

78 Erstveröffentlichung dieser Übersetzung. © Thomas Bauer. Arabischer Originaltext: aṣ-Ṣafadī: al-Kašf wa-t-tanbīh ʿalā l-waṣf wa-t-tašbīh. Herausgegeben von Hilāl Nāǧī und Walīd ibn Aḥmad al-Ḥusayn, Leeds 1420/1999, S. 348; 352.

79 «Die Minze erblüht in der Minze». Arabische Dichtung der Gegenwart mit erläuternden Essays. Herausgegeben von Ilma Rakusa und Mohammed Bennis (Deutsche Akademie für Sprache und Dichtung. Dichtung und Sprache, Band 21), Verlag Carl Hanser, München 2007, S. 128. © Deutsche Akademie für Sprache und Dichtung, Darmstadt.

80 Abdelwahab Meddeb: Tombeau d'Ibn Arabi – qabr Ibn ʿArabī – Ibn Arabis Grab. Gedichte. Arabische Nachdichtungen von Mohammed Bennis, deutsche Nachdichtung von Hans Thill, Heidelberg 2004, S. 93. © Verlag Das Wunderhorn, Heidelberg.

81 Tausendundeine Nacht. Nach der ältesten arabischen Handschrift in der Ausgabe von Muhsin Mahdi erstmals ins Deutsche übertragen von Claudia Ott, 9., durchgesehene und überarbeitete Auflage, München 2007, S. 618 (nur Verse 1 und 2); Vers 3: Erstveröffentlichung dieser Übersetzung. Arabischer Originaltext: Al-Aʿlām aš-Šantamarī: Šarḥ Dīwān ʿAlqama ibn ʿAbada at-Tamīmī. Herausgegeben von aš-Šayḫ Ibn Abī Šanab (Mohammed Ben Cheneb), Paris/Algier 1925, S. 20–22.

82 Georg Bossong: Das Wunder von al-Andalus. Die schönsten Gedichte aus dem Maurischen Spanien, München 2005, S. 144. © Verlag C. H. Beck, München.

83 Erstveröffentlichung dieser Übersetzung. Arabischer Originaltext: Az-Zawzanī: Šarḥ al-Muʿallaqāt al-ʿašr, Beirut 1989, S. 29–33.

84 Erstveröffentlichung dieser Übersetzung. Arabischer Originaltext: Theodor Nöldeke; August Müller (Hrsg.): Delectus veterum carminum arabicorum, Verlag Reuther & Reichard, Berlin 1890, S. 7.

85 Erstveröffentlichung dieser Übersetzung. Arabischer Originaltext: Fārūq Šūša: Ahlā 20 qaṣīdat ḥubb fī š-šiʿr al-ʿarabī, Kairo/Beirut 1973, S. 98–100.

86 Georg Bossong: Das Wunder von al-Andalus. Die schönsten Gedichte aus dem Maurischen Spanien, München 2005, S. 63–65. © Verlag C. H. Beck, München.

87 Georg Bossong: Das Wunder von al-Andalus. Die schönsten Gedichte aus dem Maurischen Spanien, München 2005, S. 71–72. © Verlag C. H. Beck, München.

88 Georg Bossong: Das Wunder von al-Andalus. Die schönsten Gedichte aus dem Maurischen Spanien, München 2005, S. 55–56. © Verlag C. H. Beck, München.

89 Hamâsa oder die ältesten arabischen Volkslieder. Gesammelt von Abu Temmâm, übersetzt und erläutert von Friedrich Rückert. Ausgabe in zwei Bänden, Verlag Gottlieb Liesching, Stuttgart 1846, Bd. 2, S. 105 (= Nr. 522).

90 Hamâsa oder die ältesten arabischen Volkslieder. Gesammelt von Abu Temmâm, übersetzt und erläutert von Friedrich Rückert. Ausgabe in zwei Bänden, Verlag Gottlieb Liesching, Stuttgart 1846, Bd. 2, S. 110 (= Nr. 532).

91 Tausendundeine Nacht. Nach der ältesten arabischen Handschrift in der Ausgabe von Muhsin Mahdi erstmals ins Deutsche übertragen von Claudia Ott, 9., durchgesehene und überarbeitete Auflage, München 2007, S. 188. © Verlag C. H. Beck, München.

92 Beatrice Faßbender und Ulrich Schreiber (Hrsg.): An den Toren einer unbekannten Stadt. Berliner Anthologie, Berlin 2002, S. 135. © Alexander Verlag, Berlin 2002.

93 Hamâsa oder die ältesten arabischen Volkslieder. Gesammelt von Abu Temmâm, übersetzt und erläutert von Friedrich Rückert. Ausgabe in zwei Bänden, Verlag Gottlieb Liesching, Stuttgart 1846, Bd. 2, S. 143 (= Nr. 585/1).

94 Erstveröffentlichung dieser Übersetzung. Arabischer Originaltext: Dīwān Tawfīq Zayyad, Beirut 2000, S. 363–369.

95 Altägyptische Liebeslieder. Mit Märchen und Liebesgeschichten. Eingeleitet und übertragen von Siegfried Schott, Artemis Verlag, Zürich 1950, S. 48.

96 Yunus Emre: Das Kummerrad/Dertli Dolap. Gedichte. Aus dem Türkischen von Zafer Şenocak, Frankfurt am Main 1986, S. 19. © Dağyeli Verlag, Berlin. ✍ Aus dem goldenen Becher. Türkische Gedichte aus sieben Jahrhunderten, 2., überarbeitete Auflage, Köln 2002, S. 46. © Önel-Verlag, Köln.

97 Ein Buch namens Freude. Gedichte von Frauen aus der islamischen Welt. Ausgewählt, übersetzt und mit einer Einleitung von Annemarie Schimmel. Herausgegeben von Gudrun Schubert, München 2004, S. 54. © Verlag C. H. Beck, München.

98 Heinrich Heine: Historisch-kritische Gesamtausgabe der Werke, herausgegeben von Manfred Windfuhr, Verlag Hoffmann und Campe, Hamburg 1992, Bd. III/1, S. 41 f.

99 Der Gesang der Gesänge, IV,9. In: Die Schriftwerke. Verdeutscht von Martin Buber. Die fünf Rollen (darin Gesang der Gesänge), Verlag Jakob Hegner, Köln & Olten o. J. [1954]. © Gütersloher Verlagshaus, Gütersloh, in der Verlagsgruppe Random House GmbH, München.

100 Annemarie Schimmel: Nimm eine Rose und nenne sie Lieder. Poesie der islamischen Völker, herausgegeben und aus dem Arabischen und Persischen von Annemarie Schimmel, Frankfurt am Main 1995, S. 65. © der deutschen Ausgabe Insel Verlag Frankfurt am Main und Leipzig 2004.

Tausendundeine Nacht

*Das arabische Original –
erstmals in deutscher Übersetzung*
C.H.Beck

„... ihre Sprache ist
klarer, übrigens auch
erotisch expliziter."
Otto Kallscheuer,
Die Zeit

„Indem sie die Ausgabe des 1984 vom Iraker
Muhsin Mahdi herausgegebenen Werks aus dem
Arabischen übertrug, hat sie gewissermaßen wie
eine Restauratorin die später aufgetragenen Schich-
ten über dem großartigen Sittengemälde entfernt
und das gute, alte Original freigelegt. Das Resultat
ist nicht nur für Orientalisten ein Kleinod."
Erich Wiedemann, Der Spiegel special

Neue Orientalische Bibliothek: Tausendundeine Nacht. Nach der ältesten
arabischen Handschrift in der Ausgabe von Muhsin Mahdi erstmals **ins
Deutsche übertragen von Claudia Ott. 9. Auflage. 2007. 698 Seiten. Leinen**

C.H.BECK
www.beck.de